AF313953

PORTRAITS

L'auteur et les éditeurs déclarent réserver leurs droits de traduction et de reproduction à l'étranger.

Ce volume a été déposé au ministère de l'intérieur (section de la librairie) en septembre 1883.

PARIS TYPOGRAPHIE E. PLON, NOURRIT ET Cᵉ, 8, RUE GARANCIÈRE

PORTRAITS

PAR

UN DIPLOMATE

PARIS

LIBRAIRIE PLON

E. PLON, NOURRIT et Cie, IMPRIMEURS-ÉDITEURS

RUE GARANCIÈRE, 10

1883

PRÉFACE

Heureux ceux qui, dans le courant de leur vie, ont trouvé de beaux caractères.

Rien de plus attrayant, de plus digne d'admiration que la beauté de l'âme. Quand on a le bonheur de la rencontrer quelque part, on se sent prémuni contre la misanthropie ; on est, pour ainsi dire, dédommagé de ce qu'il y a de bas et de méprisable chez les hommes, et porté à une noble émulation.

Il est des découvertes dans l'ordre moral qu'il importe de faire connaître à tout le monde. Celui qui a été assez heureux pour découvrir une belle âme doit s'efforcer d'en tracer un portrait fidèle, afin que d'autres puissent prendre part à l'admiration, à l'enthousiasme qu'il a éprouvé lui-même.

Mais l'ombre est à côté de la lumière : on rencontre aussi des caractères qui laissent beaucoup à désirer.

Il est même des personnes chez lesquelles certain défaut est si prononcé qu'elles paraissent avoir pour mission d'en faire ressortir tous les inconvénients; j'ai cru devoir leur donner aussi place dans mes « Portraits », qui se suivent par ordre de date.

J'aurais eu encore beaucoup de portraits à publier, mais la crainte de fatiguer mes lecteurs m'en a empêché.

PORTRAITS

La Baronne
DE FELLNER-HANNEKART.

Chez la baronne de Fellner-Hannekart, le sentiment du beau est inné et développé au plus haut degré. Elle sait partout reconnaître ce qui est vraiment beau, et elle s'enthousiasme pour tout ce qui est noble et élevé. On peut dire qu'elle a la passion du beau, car elle le recherche en tout. Cette noble passion donne de l'élan à son cœur, à son esprit et à toute sa manière d'être ; il en résulte qu'elle fait le plus noble emploi de tous les instants de sa vie.

Tantôt elle dessine des fleurs d'après nature ou confectionne de délicieux ouvrages, tantôt elle fait de la musique classique ou lit ce que la littérature produit de meilleur, avec un vif intérêt et le désir ardent de s'en approprier les plus belles idées; tantôt, enfin, elle prodigue aux autres des soins pleins de délicatesse et d'affection.

L'admiration du beau n'a, d'ailleurs, chez elle rien de frivole; si elle l'admire dans les arts, dans les sciences et dans la nature, elle l'admire bien plus encore dans les actions humaines, dans tout ce qui a rapport au bien.

La baronne de Fellner a le bonheur d'ignorer complétement le laid et le mauvais qui se trouvent souvent à côté du beau. Elle voit, dans les personnes et dans les choses, surtout ce qu'il y a de bon et de beau. Il en résulte qu'elle les idéalise trop et qu'elle est parfois optimiste à l'excès. Sa bienveillance est si grande qu'elle va jusqu'à la générosité.

Aucun revers ne saurait l'irriter ni l'aigrir, car à travers les larmes elle saurait encore, pour se consoler, saisir le bon côté des choses. Malgré beaucoup de malheurs, elle a su se rendre la vie heureuse, et c'est là un bien grand mérite. Elle est parvenue à se mettre au-dessus de bien des causes de découragement.

La baronne de Fellner a été idéalement belle et a conservé sa beauté très-longtemps. Sa taille est imposante, ses yeux sont bleus et très-beaux, son regard est plein de bienveillance, d'intelligence et de noblesse. Elle a un charmant sourire.

LA DUCHESSE DE BIVONA.

Ce qui constitue la beauté de l'âme, c'est l'harmonie; mais celle-ci, loin de souffrir, gagne s'il y a une qualité qui domine sur toutes les autres et leur donne une nuance caractéristique.

Il n'est rien de plus difficile que d'être vrai. La duchesse de Bivona l'est au plus haut degré, et c'est là la qualité qui la caractérise.

La nature l'a douée de cette grâce que l'on rencontre surtout dans les pays méridionaux, et sa belle âme se reflète dans ses grands yeux noirs. Ses cheveux, de la même couleur que ses yeux, s'harmonisent admirablement avec son teint pâle. Ses traits sont fins et agréables, sans être d'une grande régularité.

La grâce et le naturel distinguent la duchesse de Bivona. Elle paraît toujours telle qu'elle est au fond de son âme. Elle possède le courage d'un homme lorsqu'il s'agit de défendre la vérité, et elle sait s'en acquitter avec une douceur, une délicatesse dont un homme ne serait guère capable.

Elle réunit à tout ce qu'il y a de plus noble, de meilleur, dans le caractère espagnol, les avantages de l'éducation française, ayant été élevée dans un couvent, à Paris. Elle a aussi une instruction assez variée; mais ce qui, surtout, rend ses jugements droits et justes, c'est son bon sens naturel.

Elle voit très-bien les défauts des autres, mais elle les juge avec indulgence et aime à louer tout ce qu'il y a de bon chez eux.

En tout, elle fait preuve d'une grande noblesse de caractère. Elle aime tendrement ses enfants, mais d'un amour éclairé. Ayant

eu le malheur de perdre une fille en bas
âge, elle en éprouva une telle douleur que
toutes ses forces en furent paralysées pendant quelque temps.

La duchesse de Bivona est l'amie de ses
amis et n'a pas d'ennemis. Elle est si sympathique à tout le monde qu'en parlant
d'elle, à Naples, on dit « E' simpaticona ».

Appartenant à l'une des premières familles d'Espagne, elle a dans sa manière
d'être une assurance naturelle, beaucoup
d'abandon et une affabilité que n'entrave
jamais la crainte de déroger.

Elle est la bonté même pour tous ceux
qui dépendent d'elle.

Elle a une grande modestie et des sentiments religieux très-profonds. Elle est au-
dessus de la crainte de la mort et des
souffrances.

16 janvier 1854.

LA MARQUISE DE RENDE.

Angélique est le nom de baptême de la marquise de Rende. C'est un nom qui oblige. Quiconque a le bonheur de la connaître dira que ce nom lui va bien. Pleine de grâce, de bonté, de douceur et de compassion, elle fait penser à ces êtres supérieurs qui descendent quelquefois du Ciel pour rendre les hommes heureux.

Elle a beaucoup d'intelligence et possède cette double vue qué donne une grande sensibilité de cœur. Son visage a une expression touchante de mansuétude qui inspire la sympathie. Ses yeux noirs parlent au cœur et sont admirablement secondés par la mobilité de ses traits. Sa taille qui est au-dessus de la moyenne a beaucoup d'élé-

gance. Dans toute sa manière d'être, il y a
une vivacité italienne tempérée par une
douceur qu'on rencontre rarement chez les
femmes du Midi.

Elle a un grand abandon dans la conversation et quelquefois même s'anime beaucoup, mais on sent qu'elle ne cesse jamais
de se posséder entièrement. D'une grande
piété, on peut dire qu'elle est le type de la
femme italienne élevée et soutenue par la
religion. Elle a reçu une éducation toute
française, qui donne à sa conversation le
charme de la précision et de l'élégance.

La marquise de Rende peut servir de
modèle comme mère, comme femme et
comme amie. Elle est capable d'un dévouement sans bornes, surtout pour ceux qu'un
grand malheur a frappés; elle a un vrai besoin de compassion.

La politique peut la passionner, mais

toute amertume cède chez elle à ses profonds sentiments religieux.

26 janvier 1854.

Mlles ADÉLAIDE ET CLOTILDE
CAPECE-MINUTOLO.

Quand une femme a une grande supériorité d'intelligence, il arrive souvent qu'elle
manque de douceur, de sensibilité et de
délicatesse, qualités qui donnent tant de
charme à la femme. Mademoiselle Adélaïde
Capece-Minutolo joint à la portée intellectuelle d'un savant, je dirai même d'un
homme de génie, la noble sensibilité et la
douce modestie qui conviennent à son sexe.

Elle a préféré rester libre, bien qu'elle
ait été recherchée par plusieurs partis très-

convenables. Elle a deux sœurs, dont l'une est mariée; l'affection et le dévouement qu'elle leur porte suffisent aux besoins de son cœur, dans lequel une large place est aussi réservée à l'amitié. On ne saurait s'imaginer une harmonie plus complète que celle qui règne entre elle et ses sœurs.

Elle habite avec sa sœur Clotilde, qui n'est pas mariée. En parlant d'Adélaïde Capece-Minutolo, on est tout naturellement amené à parler de sa sœur Clotilde : elles sont inséparables et se présentent ensemble à l'esprit de tout le monde.

La vie qu'elles mènent pourrait servir de modèle à toutes les femmes qui ont dépassé un certain âge sans se marier. Elles sont toutes les deux pleines de charité, elles possèdent au plus haut degré l'esprit du cœur et vivent comme des saintes sans en avoir l'austérité. Elles ont un amour ardent pour la vérité, et le courage de la défendre. Elles font ensemble des études philosophiques et historiques, et s'occupent de l'éducation d'une jolie petite nièce et d'un charmant petit neveu. Elles ont le sentiment des beaux-arts et les cultivent même avec succès ; elles ont, en tout, beaucoup de goût, et joignent à une simplicité de bon ton une noble élégance. Leur mise est toujours de circonstance et répond au devoir qu'a toute femme de soigner son extérieur. Elles vont dans le monde, y sont constamment de bonne humeur ; leur conversation est pleine d'animation, et elles sont toujours disposées à contribuer à l'agrément des autres. Au besoin, elles chantent même, avec beaucoup de goût, des airs espagnols.

La société n'est pour Adélaïde et Clotilde Capece-Minutolo qu'un simple accessoire. Elles seraient, du reste, bien loin de vivre isolées si elles ne fréquentaient pas le monde, car tout ce qu'il y a de distingué à Naples recherche leur maison. Leur conversation est pleine de charme, et elles savent se mettre à la portée de tous. Outre l'italien et l'espagnol, leurs langues maternelles, elles savent à fond le français et l'anglais, et sont versées dans la littérature anglaise. Adélaïde peint très-bien, sa sœur Clotilde est musicienne et même compositeur.

La première a du génie et sait se placer dans ses jugements à la hauteur des plus grands écrivains; la seconde a l'esprit des affaires et est, en même temps, en état de suivre sa sœur dans l'élan de son esprit.

Il y a dans ces deux sœurs un heureux mélange des races espagnole et italienne. Par leur mère, qui était une femme des plus distinguées et, pour me servir de l'expression d'un homme d'esprit, « touchante de noblesse », elles descendent d'une famille espagnole qui avait la grandesse. Leur aïeul maternel, après s'être distingué par un fait d'armes dont l'accomplissement était considéré comme impossible, eut pour devise : « Yo solo », Moi seul. Du côté de leur père, elles appartiennent à une des premières familles de Naples, famille qui a marqué dans l'histoire par sa vaillance et sa loyale fidélité. Leurs ancêtres aimaient et respectaient leurs rois, et ne craignaient pas de leur dire la vérité.

Quant à l'extérieur, sauf un air de famille, les deux sœurs ne se ressemblent pas.

Adélaïde a une figure classique; c'est ainsi qu'on pourrait s'imaginer Sapho. Son profil est beau, ses traits ont quelque chose de fier mêlé de bonté et de douceur, ses yeux sont bruns et pleins d'expression, sa taille est au-dessous de la moyenne. A la suite d’une chute, elle a tant souffert qu’il lui en est resté une certaine difficulté à se servir d’une jambe.

Clotilde a aussi des yeux parlants, mais les contours de son visage sont moins définis. Quoique moins âgée que sa sœur Adélaïde, elle a déjà les cheveux gris. Quand on en connaît la raison, on en est touché. Il y a bien des années, elle avait une profonde inclination pour un étranger fort distingué qui, de son côté, lui témoignait tant d’affection que tout portait à croire qu’une union pour toute la vie devait en résulter. Mais, de retour dans son pays, celui qu’elle aimait changea de sentiments, et elle reçut, le lendemain de la mort de sa mère, la nouvelle qu’il allait se marier avec une autre. En recevant ce terrible coup, elle s’agenouilla, pleine de résignation, et remer-

cia Dieu de ce qu'il avait épargné ce chagrin à sa mère ; mais elle-même avait tant
souffert de cette infidélité que, le lendemain, elle avait les cheveux gris.

Ces deux sœurs, remplies de tant de vertus et de charmes, sont on ne peut plus mo-
destes et attribuent à Dieu tout ce qu'il y a
de bon en elles. Elles seraient pourtant
bien autorisées à s'approprier la devise de
leur grand-père et à dire : « Nosotras solas »,
Nous seules, car elles sont uniques dans ce
monde sous bien des rapports.

Elles habitent une des plus jolies villas
des bords du golfe de Naples : ce paradis
leur est bien dû.

16 mars 1854.

LA MARQUISE DE LA SONORA.

La générosité est une des plus belles qualités du cœur humain. Elle ennoblit l'amour et la charité, leur donne plus d'étendue, les élève au-dessus des susceptibilités de l'amour-propre, et les porte à de vrais sacrifices. C'est la générosité qui fait aimer les amis jusqu'à nous faire tout excuser chez eux, et qui fait pardonner aux ennemis avec la pleine conviction de leurs torts et l'entière conscience de leurs défauts.

C'est encore la générosité qui donne une grande élévation à l'âme, tandis que la plupart des affections ne font que l'enchaîner.

La marquise de la Sonora a un cœur généreux qui la met à l'abri de tous les petits mouvements de rancune et d'amour-propre, donne à ses sentiments quelque chose de grandiose, lui inspire une franchise pleine de courage et doublée d'une noble délicatesse, la rend, enfin, confiante, indulgente pour les autres et sévère pour elle-même.

La générosité peut dégénérer en indifférence, quelquefois même en hauteur; quand on est très-élevé, il est si facile d'oublier ce qui se trouve au-dessous de soi et de se laisser aller à un certain dédain!

Madame de la Sonora aime de l'affection la plus tendre ses amis, son mari, ses enfants et ses deux sœurs, avec lesquelles elle ne forme qu'un cœur; mais cet amour ne la rendra jamais injuste envers les autres.

Elle a un noble mépris pour tout ce qui est mauvais et bas; elle ne va pas, toutefois, jusqu'à mépriser les hommes.

Elle est modeste tout en restant élevée, elle supporte volontiers toute dépendance résultant de ses rapports de famille, mais sait réserver, en toutes circonstances, son indépendance intérieure. C'est l'humble violette placée sur le sommet d'une montagne.

La générosité tient, chez la marquise de la Sonora, à des dispositions naturelles qui ont été développées et renforcées par la foi. C'est une âme généreuse embellie par la piété.

La marquise de la Sonora est de petite taille; ses moindres mouvements sont pleins d'aisance et de grâce. Sa figure assez régulière est rehaussée par de beaux yeux qui lui donnent beaucoup d'expression. Tout, chez la marquise de la Sonora, porte le cachet d'une sensibilité pleine de délicatesse et d'une grande noblesse de cœur.

26 mars 1854.

LE COMTE MAURICE ESTERHÁZY.

Il y a un genre d'esprit qui est un don du Ciel, qui coule de source et qui, par cela même, est intarissable. Tel est l'esprit du comte Esterházy, et il se manifeste toujours et en tout. Le comte Esterházy n'a besoin ni d'influences extérieures, ni de la faveur du temps et des circonstances, ni des encouragements d'autrui pour avoir de l'esprit : il en a et en aura toujours malgré tout le monde et malgré lui-même; il ne saurait ne pas en avoir.

La profondeur se joint chez lui à la grâce et à la facilité, la concision à la clarté, la justesse d'expression à l'élégance, la douceur à la force. Il ne peut rester à côté du vrai; il faut qu'il soit toujours dans le vrai même. Aussi est-il passé maître dans l'emploi des nuances, art si nécessaire à celui qui veut rencontrer la vérité. En effet, un peu plus ou un peu moins de relief, trop de jour ou pas assez d'ombre, et un tableau cesse d'être vrai.

Le comte Esterházy a l'admirable qualité de voir en toute chose le bon et le mauvais côté à la fois. Son esprit est plein de vivacité, mais exempt de cet enthousiasme qui crée souvent des illusions. Bien loin de s'enivrer de son esprit, il laisse aux autres d'en être charmés. Cet esprit ne le mènera d'ailleurs jamais trop loin, ni ne le portera à aucune exagération.

Si sa force de volonté était égale à la vigueur de son esprit, il ne laisserait rien à désirer, mais la perfection n'existe pas dans ce monde; sa vigueur d'esprit n'est pas suffisamment soutenue par sa volonté et encore moins par son physique, sa santé étant des plus délicates.

De petite taille, mais bien proportionné, son corps a, dans tous ses mouvements, une élégance pleine de distinction et contribue à faire ressortir les grandes qualités de son esprit. Le comte Esterházy semble grandir de stature à mesure qu'il avance dans une conversation.

Il est constamment prêt à rendre hommage à ce qui est bon, vrai et beau, et se range toujours, de la meilleure grâce du monde, du côté où se trouvent la morale, la justice et le bon goût.

Beaucoup de personnes reprochent au comte Esterházy d'avoir trop d'esprit et, par cela même, pas assez de cœur : ce reproche n'est pas fondé et n'est que l'effet de la médiocrité de ceux qui le lui font.

Une intelligence aussi féconde, aussi uni-

verselle que celle du comte Maurice Esterházy doit nécessairement puiser à la source
du cœur, car il est des moments, dans la
vie, où l'on ne peut avoir de l'esprit que si
l'on a du cœur.

27 juin 1854.

LA PRINCESSE DE TORELLA.

Avoir du cœur! C'est le don du Ciel qui
donne le plus de charme aux femmes et
qui excite les plus grandes sympathies. Les
facultés intellectuelles sont souvent et facilement offusquées, la raison se tait parfois,
mais le cœur fait toujours entendre sa voix
à temps. Il ne se dément pas, tandis que
l'esprit laisse quelquefois douter de son
existence.

La princesse de Torella a du cœur, et l'on s'en aperçoit tout de suite en la regardant bien; ses yeux bleus, languissants et animés à la fois, ont des regards pleins de compassion, et toute sa manière d'être est empreinte d'une grande douceur, qui ne l'empêche pas d'être très-énergique, lorsqu'il s'agit de faire preuve de dévouement et d'abnégation.

On parle de la santé du corps, mais on devrait aussi parler de la santé du cœur. Cette santé dépend, jusqu'à un certain point, de nous-même.

Il faut savoir résister aux passions qui, loin de développer nos sentiments, les flétrissent, mais il faut, en même temps, que le cœur, exempt de toute sensiblerie, soit accessible aux douces affections.

La princesse de Torella est le type de la santé du cœur. Tous ses premiers mouvements sont justes; elle est compatissante sans devenir larmoyante, elle peut être passionnée comme il est dans la nature d'une femme, sans toutefois perdre l'équilibre; elle a le courage de son opinion, elle est toujours raisonnable et, grâce surtout à l'esprit du cœur, elle est juste dans ses affections. Elle aime tendrement son mari et ses enfants, et, à côté du dévouement plein d'abnégation qu'elle a pour sa famille, elle en a encore beaucoup pour ses amis, qui peuvent compter sur elle en toute occurrence.

Comme c'est le cœur qui dirige les mouvements de son âme, elle n'est pas exempte d'antipathies; mais elle est trop charitable pour que celles-ci puissent aller trop loin.

Elle a tout l'amour-propre que donne un cœur sensible, mais elle n'est nullement vaine; elle est incapable de coquetterie comme d'affectation.

La santé du cœur est réunie chez elle à celle du corps. Elle a de beaux cheveux d'un blond cendré. Sa figure n'est pas régulière, mais elle a, dans la physionomie, quelque chose de gracieux et de piquant avec une grande expression de douceur. Sa taille est au-dessous de la moyenne, et il y a beaucoup de grâce et de distinction dans ses mouvements.

22 septembre 1854.

LE COMTE
DE BUOL-SCHAUENSTEIN.

Il est des hommes qui, tout en ayant le cœur très-chaud, ont une apparence glaciale qui tient à distance et froisse même bien des personnes.

Le comte de Buol est de ce nombre; il cache souvent si bien ses sentiments et ses impressions qu'il est très-difficile de les deviner.

Il faut être doué d'une grande fermeté de caractère et d'une supériorité incontestable pour dédaigner les suffrages du monde et ne pas être tenté de gagner les volontés par quelques phrases aimables qui ne coûtent rien et qui, lors même qu'elles ne répondent pas aux sentiments qu'on éprouve, sont, comme actes de simple politesse, exemptes du reproche de fausseté.

Le comte de Buol est un de ces hommes rares qui ne disent que ce qu'ils sentent et qui, ne se mettant que rarement en frais d'amabilité, ne dépensent pas leurs sentiments en petite monnaie.

Il est d'une froideur presque excessive pour tous ceux qu'il n'a aucune raison spéciale d'aimer ou d'estimer, et, comme il connaît bien le monde, il ne doit pas ignorer que c'est là un sûr moyen de s'attirer des ennemis. Mais il ne s'en soucie guère et ne cède même pas aux insinuations de son esprit très-fin qui doit certainement lui dire qu'il pourrait parfois gagner un homme en lui adressant une belle phrase non sentie.

Un diplomate doit souvent être aimable en dépit de ses sentiments. Le comte de Buol sait alors avoir des égards et des attentions délicates plutôt que des phrases, et racheter, par sa loyauté et la sécurité qu'elle inspire, ce qui lui manque en fait d'affabilité.

Il possède à un très-haut degré l'esprit de repartie, il sait dire les vérités d'une manière détournée, fine et délicate, et caractériser les choses et les hommes par des mots piquants et spirituels. Il a le sentiment des nuances; les plus fines ne sauraient lui échapper chez les autres, et il nuance lui-même sa conduite et son langage avec beaucoup de discernement.

Il a ce coup d'œil juste et pénétrant qui est si nécessaire à un diplomate; il voit les choses de haut et ne se perd pas dans les détails qui occupent et préoccupent si facilement les savants improvisés diplomates. N'ayant pas une imagination trop vive, il est aussi à l'abri de bien des désillusions.

Le bon goût est, chez lui, très-développé : pour s'en convaincre, on n'a qu'à voir son extérieur et la manière dont sa maison est tenue.

Il aime à manifester une noble élégance en tout. Il dédaigne toute sensiblerie, mais les larmes ne lui font pas défaut lorsqu'il est profondément ému. Son cœur ne s'ouvre pas pour tout le monde, mais ses amis peuvent compter sur lui.

Il a ce tempérament qui donne le calme dans les grandes occasions. Il a beaucoup de dignité dans le caractère et dans les manières, et il saura toujours sauvegarder la dignité de son gouvernement.

Doué d'une grande fermeté, il restera toujours fidèle à ses principes, mais il est trop prudent pour vouloir les imposer à contre-temps ou à des personnes qui changent de principe comme on change d'habit. A côté d'une intelligence supérieure, il y a chez lui assez de sang-froid pour pouvoir bien calculer. Il a les dispositions nécessaires à un beau joueur : il joue le whist dans la perfection.

Malgré des mots parfois mordants, il a une grande bienveillance qui se développe encore à mesure qu'il avance dans la vie.

Un esprit aussi droit et aussi pénétrant que celui du comte de Buol doit facilement parvenir à bien juger des personnes et des choses.

L'extérieur du comte de Buol répond à son moral. Ses traits fins et nettement dessinés dénotent une grande intelligence. Il y a, il est vrai, quelque chose de hautain dans sa physionomie, mais ses yeux bleu clair adoucissent, par leurs regards bienveillants, l'expression de froideur que sa figure est disposée à prendre. Sa taille est moyenne et son corps est bien proportionné.

Il a beaucoup de distinction dans toute sa manière d'être.

24 septembre 1854.

LE GÉNÉRAL
CHEVALIER DE MARTINI.

Il est des natures possédées du désir infatigable de se perfectionner, de tout voir, de tout savoir et de connaître le monde aussi à fond que possible. Si les hommes de cette trempe ne sentent pas, en même temps, le besoin d'être très-forts dans la branche des connaissances humaines qui, à cause de leur condition ou par suite d'une vocation spéciale, doit avoir pour eux le plus d'intérêt, ils risquent de devenir superficiels et de rendre leur âme semblable au miroir dans lequel tous les objets se réfléchissent sans qu'il en garde aucune impression.

Le général de Martini a su éviter cet

écueil, car, tout en aimant à se perfectionner sous tous les rapports, il a surtout visé à se distinguer comme militaire. Il a acquis ainsi des connaissances solides qui l'ont mis à même d'occuper un poste élevé dans l'état-major. Il s'est surtout adonné aux sciences, après avoir fait, comme officier, ses preuves dans les grandes guerres.

Le général de Martini, désirant étendre la sphère de ses connaissances, a recherché les missions diplomatiques. Plusieurs lui ont été confiées, tant en Piémont que dans d'autres pays; mais il a toujours conservé son poste dans l'état-major.

Militaire avant tout, il n'a jamais perdu de vue ce qui concerne l'armée autrichienne, et c'est moins l'ambition qu'un véritable intérêt naturel et patriotique qui le portait à s'en occuper.

Rempli d'instruction, il a été, plus tard,

chargé de la direction d'une grande acadé-
mie militaire à laquelle l'armée doit bon
nombre de ses meilleurs officiers.

Il fut ensuite mis à la tête de la marine,
dans laquelle cependant il n'avait jamais
servi. On avait bien pensé qu'un homme
si intelligent, si apte à s'orienter partout, si
désireux, en même temps, d'élargir le
cercle de ses connaissances, parviendrait
bientôt à surmonter toutes les difficultés
inhérentes à une nouvelle carrière.

A peine occupait-il cette haute position
que la révolution de 1848 éclata. Tous ses
officiers l'abandonnèrent. On lui reproche
d'avoir été trop confiant à leur égard. Il est
vrai qu'il se décida à éloigner de l'arsenal
les troupes de ligne, qui y avaient été pla-
cées pour surveiller les marins, quand les
officiers de marine lui représentèrent qu'une
telle surveillance était incompatible avec

leur honneur militaire; mais cela prouve seulement qu'il a le véritable point d'honneur, qu'il est assez courageux pour ne pas craindre d'assumer une grande responsabilité, et qu'il juge des sentiments des autres d'après les siens. Un bon militaire ne peut guère supposer que des officiers, quelles que soient leurs opinions politiques et leur nationalité, puissent oublier leur serment de fidélité.

Il eut beaucoup à souffrir de sa conduite pleine de courage et de loyauté. Les révolutionnaires le gardèrent en prison comme étant dangereux pour leur cause, et quelques-uns de ses compatriotes, jugeant sa manière d'agir non d'après les nobles motifs qui la lui avaient dictée, mais d'après les événements, ont voulu le rendre responsable de la perte de Venise, bien qu'alors il n'y commandât pas en chef.

Au retour de sa captivité, il garda, quelques mois encore, la direction de la marine, puis il fut nommé envoyé extraordinaire à Naples, où l'on avait besoin d'un diplomate possédant des connaissances militaires.

Il s'y créa bientôt une excellente position; il y est généralement aimé et estimé, et a su gagner la confiance du roi Ferdinand II, si porté à la méfiance envers tout le monde. C'est là un véritable succès. Malgré tout, le général de Martini regrette sa première carrière, à laquelle il est attaché plus qu'à toute autre chose au monde, et pour laquelle il a fait de si sérieuses études.

Le général de Martini a un esprit très-clair et un cœur excellent, dont il tâche de cacher la sensibilité. Il semble craindre de déroger, par l'attendrissement, au caractère mâle que doit avoir un militaire. Il possède aussi le don de plaire, et son extérieur y contribue beaucoup.

Il est de haute taille; sa figure, qui porte le sceau de l'intelligence, est fine et sympathique; ses yeux sont pleins d'expression, et leurs regards sont à la fois bienveillants, fiers et pénétrants. Sa bouche, aux lignes fermes et arrêtées, dénote une grande énergie, beaucoup de volonté et l'habitude du commandement. Quelque chose de bon et de loyal répandu sur sa physionomie en tempère l'expression un peu sévère.

Il y a dans toute la manière d'être du général de Martini une noble simplicité militaire et une distinction naturelle qui se révèle dans ses moindres actions. Chez lui, c'est la noblesse de sentiments qui domine.

12 octobre 1854.

LE BARON DE ···.

Les hommes qui savent s'accommoder aux personnes et aux circonstances, tout en restant inébranlables dans leurs principes, leurs sentiments et leurs convictions intimes, sont bien rares; ce sont des natures d'élite, des êtres constants sans monotonie, qui, quoique prenant tantôt un chemin, tantôt l'autre, avancent toujours dans la même direction. Ils sauront faire la part du moment, mais ils ne sacrifieront jamais au présent ni le passé ni l'avenir. Il y aura ainsi continuité dans toute leur existence.

Les progrès et les changements ne se font pas chez eux aux dépens de leur essence; ils sont comme les arbres qui changent de feuilles et s'accommodent aux saisons et aux intempéries, mais dont le tronc et les branches restent toujours les mêmes.

Le baron de *** est du nombre de ces hommes qui restent immuables tout en étant pliables. Il s'adapte avec beaucoup d'élasticité aux exigences du moment, il en reçoit l'impression avec un grand abandon, mais il oppose, en même temps, à la pression qu'il subit la réaction énergique résultant de sa propre nature.

Il a, grâce à cette élasticité et à son tact, le talent de se mettre toujours à sa place.

A l'accord dans lequel il sait se mettre avec tout ce qui l'entoure, répond une grand harmonie intérieure. L'esprit et le cœur sont, chez lui, en équilibre. L'affection qu'il porte aux siens est touchante; il est très-capable de reconnaissance et de cordialité; il est, à toute épreuve, l'ami de ses amis. Il les voit tels qu'ils sont, et si parfois il est moins chaleureux envers eux, c'est parce qu'il ne les trouve pas tels qu'ils devraient être.

A côté d'une instruction très-solide, il dispose d'un esprit d'observation très-fin et très-juste. Rien n'échappe à ses yeux perçants ni à son oreille extrêmement fine, qui, exercée par l'application à la musique, saisit les inflexions de voix presque imperceptibles. Il reçoit ainsi autant d'impressions qu'on en peut éprouver, et celles-ci fécondent son intelligence, dont il fait toujours le plus noble usage, car il l'emploie surtout à découvrir la vérité.

Sa supériorité intellectuelle se manifeste non-seulement dans les travaux inhérents à sa carrière, mais encore dans tout ce qu'il produit. Il fait, dans ses moments de loisir, des vers pleins de verve et de goût; il est bon musicien et compose des morceaux qui ont un succès mérité.

Un assez long séjour en Italie a encore développé chez lui son goût inné pour le beau.

Ce qui caractérise le baron de ***, c'est qu'il connaît sa valeur sans l'exagérer. Il est aussi exempt de présomption que de fausse modestie. Il joint à toutes ces qualités la présence d'esprit, si nécessaire à un diplomate, et qui doit se manifester surtout comme esprit de repartie.

Il est très-exact sans avoir l'ombre du pédantisme. Pour ce qui concerne les affaires, il sait toujours répondre aux exigences du moment, chose si difficile parfois. Tout en ayant sa carrière à cœur, il sait se placer au-dessus de toute ambition mesquine; il semble se demander souvent ce que vaut ce bas monde lorsqu'on le compare à l'éter-

nité. Il a de profonds sentiments religieux
et remplit toujours fidèlement ses devoirs.
Il sait aussi se ménager des délassements
qui lui donnent de nouvellés forces pour le
travail.

Comme, dans la vie sociale et dans les
affaires, on trouve plutôt l'occasion de
montrer son esprit que son cœur, il arrive
souvent qu'on accuse gratuitement les
hommes d'esprit de manquer de sensibilité.
Il n'y aurait donc rien d'étonnant à voir des
personnes ne connaissant pas bien le baron
de *** porter sur lui de faux jugements.

On remarque souvent sur sa figure le
reflet des lumières que vient de lui procurer
son esprit d'observation, et cela peut rendre
craintifs ceux qui sentent le besoin de cacher le fond ou même un seul recoin de
leur cœur; mais, en général, le baron de ***
inspire beaucoup de confiance.

Il est de taille moyenne. Sa figure frappe moins par les traits que par l'expression. Ses yeux sont bleu gris et ses cheveux blond cendré. Son regard est très-spirituel.

16 octobre 1854.

<center>~~~~~~~~~~~~~~~~~~~</center>

M. ***.

L'amour-propre est un des plus grands mobiles des actions humaines; il est tantôt bien, tantôt mal placé; plus ou moins, et quelquefois même pas du tout justifié; enfin, il est des personnes dont il est la seule boussole; c'est l'amour-propre qui les guide et qui leur inspire presque tous leurs sentiments et toutes leurs pensées. Il fait vibrer toutes les fibres de leur âme comme le vent fait trembler les feuilles. Ces personnes-là sont souvent agitées, elles ont dans leur manière d'être quelque chose d'inquiet, de chancelant, d'inégal. Elles sont toujours sur le qui-vive, et un rien suffit pour changer leur humeur, pour leur faire perdre l'équilibre, pour les rendre injustes envers les autres, pour les faire sortir d'elles-mêmes, pour les rendre soup-çonneuses jusqu'à la méfiance, pour leur inspirer des sympathies ou des antipathies.

Elles sont insaisissables; un seul mot suffit pour les changer entièrement. Sem-blables aux girouettes, on ne sait jamais de quel côté elles tourneront.

Ceux qui abandonnent à l'amour-propre la direction de leur âme et de leur corps ne sont plus maîtres de leur volonté, et ils voient tout au travers de son prisme trom-peur. Leur extérieur, quelque défavorable qu'il soit, est pour eux la perfection même,

3.

et ils poussent l'amour de tout ce qui leur appartient jusqu'au plus complet aveuglement. Ils pourraient cependant être supportables s'il n'étaient pas affligés de cette curieuse prétention que tout ce qui, de loin ou de près, touche à leur personne doit aussi plaire aux autres.

J'ai toujours eu en grande opinion la puissance de l'amour-propre, mais, depuis que je connais M. ***, je suis dans la ferme croyance que ce sentiment est le plus grand autocrate que l'on puisse imaginer, qu'il est tout-puissant, qu'il sait tout soumettre à son joug, et que tout doit se taire et s'écarter aussitôt qu'il se fait valoir.

L'amour-propre a fait activement travailler M. ***, lui a donné de l'énergie et de la persévérance, l'a poussé à développer son esprit et à s'instruire assez à fond dans bien des choses. Mais il l'a fait, en même temps, sortir de sa sphère pour s'élever trop haut. La nature a traité M. *** en marâtre; toutefois, son amour-propre lui fait imaginer qu'il est beau et bien fait, et il en est convaincu au point de se croire très-dangereux pour les femmes et de se figurer qu'il rendrait malheureuses celles dont il s'approcherait beaucoup sans s'y dévouer.

Il a un cœur naturellement bon, mais l'amour-propre lui impose souvent silence, et quelquefois aussi le fait parler d'une manière qui, au fond, ne lui est pas naturelle.

On ne peut lui nier un certain esprit de repartie, mais ses répliques ne viennent pas de lui. C'est son amour-propre qui les lui souffle : aussi ne répond-il jamais mieux que lorsque cet amour-propre est vivement engagé dans une conversation.

Il a de l'esprit et de la pénétration, mais son amour-propre les étouffe souvent et lui bouche, pour ainsi dire, les yeux et les oreilles.

Il a une assez bonne vue et entend parfaitement, mais son amour-propre lui fait voir et entendre, fréquemment, tout le contraire de ce qui se fait ou se dit devant lui, et, quand il entend, par hasard, des choses qui lui sont défavorables, c'est encore son amour-propre qui se met en quatre pour les interpréter d'une manière flatteuse, aux dépens du bon sens.

Son amour-propre le rend ridiculement jaloux de tous ceux qui ont des succès en quoi que ce soit, et très-avare de louanges quand il s'agit de rendre justice aux autres.

Son amour-propre le console de tout. Il est son conseiller privé et lui donne de mauvais avis. Il lui suggère parfois de faire, dans le but de plaire, des mouvements tout à fait contraires à sa complexion et à sa nature, et le rend ainsi ridicule au point de faire parler tout le monde de lui. Mais lui-même est enchanté et croit, de bonne foi, que c'est à cause de ses qualités, et non à cause de ses défauts, qu'on s'occupe de lui.

M. *** n'est même pas maître de sa physionomie; c'est l'amour-propre qui en dispose et qui lui fait faire, tantôt des grimaces, tantôt des yeux langoureux; c'est l'amour-propre qui règle le ton de sa voix et qui l'altère et la voile souvent.

M. *** est d'une taille moyenne et pas mal conformé, mais il y a dans ses jambes maigres quelque chose de chancelant qui répond à l'état de son âme.

Il ressemble à un roseau ambulant, ballotté par des vents contraires.

Depuis que j'ai vu M. *** manquant d'esprit et de cœur sous l'influence déterminante de son amour-propre, je me fais une

idée très-claire d'un être possédé par un dé-
mon qui en paralyse toutes les forces ou les
fait agir dans un sens contraire à leur des-
tination.

Il y a parfois dans la figure de M. ***, ir-
régulière et très-peu faite pour les expressions passionnées, un je ne sais quoi de
« méphistophélétique » quand son amour-
propre le fait rire aux dépens des autres et
s'applaudir lui-même.

L'amour-propre rend nécessairement
l'homme égoïste, minutieux, susceptible,
trop attentif au « qu'en dira-t-on », et par
là incapable d'un véritable élan comme de
tout sacrifice, quelque petit qu'il soit.

En voyant M. ***, on ne peut s'abstenir
parfois d'un certain sentiment de compassion. On se dit qu'il pourrait être tout
autre s'il n'était emporté à chaque instant
par son amour-propre, et l'on finit presque

par s'aimer moins soi-même, de peur de devenir esclave comme lui.

Au demeurant, il n'est point à plaindre; il se croit au-dessus des jugements d'autrui et est heureux en se plaisant toujours à lui-même.

20 octobre 1854.

MADAME CONSTANCE DU FAY.

Madame du Fay porte très-bien son nom de Constance, qui exprime une des qualités les plus précieuses de la femme. Il n'y a de vraiment constant que ce qui est bon et chrétiennement noble.

Madame du Fay est toujours la même: on la retrouve telle qu'on l'a quittée. pourvu, toutefois, qu'on ne lui ait pas imposé le devoir de modifier sa conduite. Le fond de son âme ne change pas, malgré les fluctuations qu'y produit une sensibilité encore plus profonde qu'étendue, et son maintien reflète fidèlement cette invariabilité.

Le calme prédomine chez elle; elle possède, au plus haut degré, la grâce qu'il donne. Elle est, toutefois, susceptible d'une charmante animation, et l'effet en est d'autant plus grand que cela arrive rarement.

Elle a une réserve toute naturelle, elle ne s'avance jamais trop, et elle est d'une sensibilité extraordinaire à l'égard de tout ce qui menace de dépasser les bornes des convenances.

Il faut avoir les défauts de ses qualités, et les amis les plus dévoués de madame du Fay doivent admettre que sa grande réserve peut, parfois, produire l'effet d'un manque de cordialité et de prévenance; mais cette réserve tient, en grande partie, à ce qu'ayant la vue très-basse, elle doit craindre de commettre une méprise en s'avançant trop vite.

Sans être bas-bleu ni viser à être poëte, elle fait des vers charmants dans lesquels tout est de bon goût et dont la tournure est fine et délicate. Ces vers rendent bien les idées vraies et élevées, les sentiments profonds et noblement simples qui sont en elle.

Tout en ayant de la poésie dans son âme, elle ne néglige pas pour cela la prose de la vie. Elle tient sa maison à merveille et sait s'acquitter des mille soins du ménage sans être minutieuse.

Madame du Fay est très-capable d'amitié et d'attachement, elle a beaucoup de cœur; mais elle est loin de posséder les teintes sentimentales que donnent souvent aux femmes allemandes les méditations auxquelles elles aiment à se laisser aller. Tout est vrai et simple chez elle.

Il n'y a pas d'aigreur dans son caractère, et elle ne ressent guère que de l'indifférence pour ceux qui lui sont désagréables.

Madame du Fay a de beaux yeux bruns; ses traits sont réguliers et fins. Elle a le teint mat d'une Espagnole, et ce teint s'accorde à ravir avec ses cheveux noirs. Sa taille est haute et svelte, et le calme qui règne dans tous ses mouvements lui donne beaucoup de distinction. Son plus grand mérite est d'être constante en tout, et cette constance lui vient de ce qu'elle sent, au fond de son âme, le besoin d'être fidèle à ses devoirs.

26 février 1856.

LA BARONNE
FRÉDÉRIQUE DE BETHMANN.

Tout le monde est unanime à dire du bien de la baronne Frédérique de Bethmann, et beaucoup de personnes vont jusqu'à l'admirer et à lui être véritablement dévouées. C'est là un rare bonheur et le signe d'un mérite incontestable. Elle seule ne se doute pas de cette unanimité. Sa modestie lui cache ce qu'elle inspire à tout le monde.

La baronne de Bethmann est douée d'une grande sensibilité qui la fait parfois souffrir, mais qui donne aussi beaucoup de charme à ses manières et la guide sûrement en tout. Il faut beaucoup de sensibilité pour avoir du tact et être très-consciencieux. Madame de Bethmann a le vif désir de ne blesser personne, mais elle est, en même temps, trop sensible pour ne pas se sentir froissée quelquefois, bien qu'elle ne soit pas susceptible.

Elle est toute à ses devoirs et les prend tellement au sérieux qu'elle en devient souvent sérieuse elle-même. Il lui serait impossible de ne pas remplir un devoir. Elle est on ne peut meilleure comme femme et si excellente mère que ses enfants l'adorent. Leur vrai bonheur lui tient tant à cœur qu'elle en devient parfois soucieuse. Elle n'est pas du nombre de ceux à qui la vie est facile, parce qu'ils ne donnent pas accès aux soucis et qu'ils ne permettent pas à l'avenir d'assombrir le présent.

Madame de Bethmann a de profonds sentiments religieux, l'esprit cultivé et un goût éclairé pour ce qui est beau. Elle est bonne musicienne, et ce talent est une grande ressource et un grand soulagement pour son âme sensible.

Elle aime la conversation et tout ce qui l'anime jusqu'à la plaisanterie de bon ton. Elle peut être très-gaie et rit, alors, de bon cœur. Elle est si vraie que l'exagération, en quoi que ce soit, lui répugne. Pour lui plaire, il faut être simple et naturel. Elle est aussi réservée, mais d'une réserve qui, loin de repousser, inspire la confiance.

Il y a tant de distinction native dans son extérieur qu'elle doit marquer partout, et cette distinction est en parfaite harmonie avec la noblesse de ses sentiments.

La baronne de Bethmann sait aussi s'élever au-dessus du monde, surtout lorsqu'il a tort. Sa modestie pourrait l'empêcher, quelquefois, d'avoir assez de confiance en elle-même. Elle ne manque pas d'assurance dans son maintien.

Sa taille fine et haute, sa figure ovale et régulière, son teint clair, son nez presque aquilin, ses cheveux blonds, ses yeux bleus aux regards pleins d'intelligence et de sensibilité, où se reflète parfois une douce mélancolie; sa bouche qu'entr'ouvre souvent un gracieux sourire, tout concourt chez elle à former un ensemble charmant et des plus harmonieux.

11 mars 1856.

LA DUCHESSE RAVASCHIERI

La duchesse Ravaschieri a une perspicacité naturelle bien au-dessus de celle que l'on rencontre généralement chez les femmes du Midi. En causant avec elle, on sent qu'elle comprend non-seulement ce qu'on lui dit, mais encore ce qu'on lui tait et voudrait cacher. On voit sur sa physionomie qu'elle saisit tout, que rien ne lui échappe, et les lumières qu'elle puise dans sa pénétration donnent à sa figure un éclat spirituel qui en embellit les traits. Sa perspicacité tient toujours son esprit en éveil, et cet esprit, inné chez elle, est alimenté par une instruction assez profonde.

La duchesse Ravaschieri connaît la langue et la littérature françaises à fond, sait l'anglais et est très-instruite de tout ce qui concerne son propre pays. Tout cela se trouve rarement réuni chez une jeune femme en Italie.

Comme elle voit tout, les faiblesses d'autrui ne peuvent lui échapper; mais si elle les relève, ce n'est jamais avec malice. Elle en fera mention en général, d'une manière très-fine, et s'il lui arrive d'en rire, c'est

plutôt par vivacité que par manque de bienveillance.

L'esprit l'emporte, chez elle, sur l'imagination, mais celle-ci est aussi assez active.
Elle a du cœur, mais son esprit en contrôle
les élans et a une grande influence sur tous
ses sentiments. Elle sait ainsi se rendre
compte de ce qu'elle éprouve et de ce
qu'éprouvent les autres, et elle s'en pénètre
au point de pouvoir se mettre à la place de
tout le monde. C'est à cette faculté qu'elle
doit, très-certainement, de si bien jouer la
comédie.

Elle a aussi beaucoup de grâce naturelle
et de mobilité, et, ce qui vaut encore mieux,
de véritables inspirations artistiques.

Il serait difficile d'avoir plus d'abandon
dans la conversation que la duchesse Ravaschieri. Quand elle est dans le monde, elle
ne manque jamais d'animation; elle aime

la gaieté et parviendrait à être gaie même si son cœur était triste.

Elle aime à se laisser aller à l'entraînement de la sympathie, et c'est un besoin pour elle que d'avoir une amie digne de ce nom. Tout ce qui est gracieux, spirituel et aimable a de l'attrait pour elle et l'attire comme l'aimant attire le fer.

Elle a le bonheur d'avoir pour père un des hommes les plus distingués et les plus spirituels de son pays.

La perspicacité et la finesse de la duchesse Ravaschieri percent dans son extérieur. Son nez est un peu proéminent, ses beaux yeux bleu gris sont extrèmement parlants et reflètent fidèlement les impressions de son âme; sa figure est jolie, et les traits en sont distingués sans être délicats. Sa taille, un peu au-dessous de la moyenne, est élégante et bien proportionnée. Elle a les cheveux châtain clair, et son teint pâle contribue à la rendre intéressante. Ce qui annonce, chez elle, la femme du Midi, c'est une animation extraordinaire qui augmente l'expression de sa physionomie.

13 juillet 1856.

MADEMOISELLE DE ···

La germandrée, qui semble aimer le bruit et croît souvent au bord des ruisseaux, est d'un bleu clair très-voyant, mais la violette est d'une nuance bien plus modeste. Plusieurs couleurs ne concourent pas à la rendre attrayante ; elle brille par son aimable simplicité et exhale un parfum délicieux dont on ne peut se rassasier, et qui manque entièrement à la germandrée et à tant d'autres fleurs aux couleurs voyantes.

Mademoiselle de *** ressemble, au moral comme au physique, à la violette. Elle a une âme extrêmement sensible et chaleureuse, et il y a un calme empreint de candeur dans ses affections. Son cœur est toujours actif, même quand il est exempt de toute passion. Il ne cesse jamais de se manifester par les doux mouvements de la délicatesse et de la compassion.

Mademoiselle de *** est très-affectueuse comme fille et comme sœur, et très-dévouée comme amie. Elle est si profondément religieuse qu'elle ne peut qu'être charitable envers tout le monde. Elle évite toujours ce qui pourrait blesser ceux qui l'entourent, et s'empresse d'en écarter toute impression désagréable. Ses yeux et ses oreilles l'avertissent de tout ce qui pourrait être pénible aux autres.

Son cœur se manifeste aussi dans sa voix, dont le timbre est doux et velouté, quand elle parle, et extrêmement pur, quand elle chante. On sent que cette voix est incapable de dire quelque chose de dur, et que mademoiselle de *** garderait plutôt le silence si elle devait être sévère. Sa voix vient du cœur et va au cœur; elle en fait vibrer les cordes les plus sensibles. Je voudrais bien voir celui qui pourrait sans éprouver une certaine émotion entendre chanter mademoiselle de ***. Il y a, en effet, dans sa voix tant d'âme qu'on se sent à la fois attendri et meilleur en l'écoutant. Dans le choix des morceaux qu'elle exécute, mademoiselle de *** montre aussi un sentiment poétique exquis.

Elle est très-bonne musicienne et compose de fort jolis morceaux.

Mais elle ne se distingue pas seulement par un cœur des plus sensibles, elle a aussi un esprit naturel capable d'inspiration, et son instruction ne manque pas d'étendue. Elle parle parfaitement toutes les langues dont on a besoin de nos jours.

Elle a une grande égalité d'humeur et aime à être gaie, bien que la tendance à une douce mélancolie prédomine chez elle. Tout en appréciant vivement les plaisirs de ce monde, elle ne perd jamais de vue l'éternité. Sa figure brille surtout par de beaux yeux bleus dont les regards, extrèmement doux et sympathiques, dénotent beaucoup de sensibilité. Son nez est assez régulier, et il y a quelque chose de franc et de doux dans l'expression de sa bouche, qui semble incapable de prendre un air pincé. Le front

de mademoiselle de *** est beau, ses tempes
sont bien modelées, et ses joues gracieusement bombées. C'est le cœur et l'esprit qui
commandent à sa physionomie, lui com-
muniquent un grand charme, des mouvements extrêmement harmonieux, et lui
donnent un éclat spirituel qui annonce la
prédominance de l'âme sur le corps.

Mademoiselle de *** a de très-beaux cheveux de la nuance châtain clair. Elle n'est
pas grande, mais sa taille est charmante,
et tous ses mouvements respirent la grâce
et une noble simplicité.

Dans toute la manière d'être de mademoiselle de *** il y a une modestie ravis-
sante qui, loin de lui donner quelque chose
d'embarrassé et d'irrésolu, fait ressortir
davantage tous ses charmes et tous ses mérites.

1er octobre 1856.

LE BARON ***.

Il y a des hommes qui, ayant un physique agréable, veulent plaire à trop de monde et deviennent, par là, coquets comme des femmes. Ils ne comprennent pas que c'est le beau sexe qui a la vocation de plaire, et que les hommes, eux, doivent surtout se faire respecter et être, en même temps, agréables et aimables. Celui qui veut plaire à tout le monde n'a plus la fermeté ni l'indépendance nécessaires pour affronter l'opinion publique et s'élever au-dessus des jugements et de l'appréciation d'autrui, quand il s'agit de faire ce qu'une voix intérieure et les sentiments les plus élevés commandent.

Quand un homme est possédé du désir

avide de plaire, il donne à son extérieur des soins trop minutieux, qui vont bien au delà de ce que prescrivent les convenances, et de cette simple élégance qui est une des choses requises chez un gentleman.

Aussi y a-t-il dans la toilette du baron *** quelque chose d'étudié, de calculé, qui le prive de l'air mâle que tout homme devrait avoir. Il s'habille, du reste, avec beaucoup de goût.

Le désir de plaire, qui embellit une femme, donne aux regards d'un homme quelque chose d'efféminé. Il n'est pas permis à un homme de faire les yeux doux; il doit s'abstenir de toute coquetterie.

De nos jours, ce n'est plus dans les tournois, mais dans les salons qu'un homme peut satisfaire son désir de plaire aux femmes, et la conversation est un des moyens principaux d'y parvenir. Celle du

baron *** est très-agréable; il a le don de
dire des choses piquantes d'une manière
fine, de plaisanter avec bon goût et de faire
des allusions sans blesser. Il y a aussi, parfois, de l'imprévu dans la tournure de ses
phrases. Il sait très-bien causer sur des
riens et parle en perfection plusieurs
langues. Il est si complétement gentleman
et si homme du monde qu'il lui serait impossible de dire une impolitesse.

Tout en voulant plaire au beau sexe, en
général, il sent vivement le besoin de s'intéresser tout spécialement à une femme, et
rien ne lui ferait plus de plaisir que d'exci-
ter par là la jalousie des autres femmes. Il
a de la routine et n'a pas de connaissances
bien profondes; mais comme il est tout à
fait homme du monde, il sait souvent agir
beaucoup mieux que des diplomates très-
instruits qui en ont un moins grand usage.

Le baron *** a du bon sens, de l'esprit d'observation et un très-bon cœur, et beaucoup de délicatesse et de noblesse dans les affaires d'argent. Il aime à être hospitalier.

Ses petits défauts s'expliquent par son désir trop vif de plaire qui le rend jaloux des succès des autres et le porte à être un peu malicieux et presque perfide quand son amour-propre est blessé.

Il n'est pas énergique; il fait trop attention à ce que pensent et disent les autres pour être résolu et bien ferme.

Il ne peut pas rester seul, n'ayant pas assez de ressources en lui-même pour goûter les charmes de la solitude. Il est frivole et ne comprend pas les jouissances simples et élevées. La belle nature n'a pas beaucoup d'attraits pour lui, et les beaux-arts ne l'intéressent qu'autant qu'ils servent à l'élégance et au divertissement.

Ayant beaucoup de cœur, le baron *** serait devenu peut-être un tout autre homme, s'il s'était marié. Il aurait eu assez de qualités pour être aimé.

Il plairait beaucoup plus s'il n'était pas dominé par le désir de plaire. Ce désir le rend parfois un peu embarrassé et le fait même rougir.

Il est bel homme; sa taille est haute et élégante; mais il produirait bien plus d'effet s'il était plus mâle et s'il ne dédaignait pas les exercices qui contribuent à donner un air chevaleresque à un homme. Il a de très-belles manières. Il y a en elles du naturel et de l'acquis. Ayant partout vécu dans la haute société, il a pris des allures très-distinguées. Il est à regretter qu'il y ait en lui quelque chose d'efféminé qui jure avec sa stature élevée.

Les yeux bleus du baron ***, avec lesquels ses cheveux d'un blond cendré s'accordent bien, ont l'air de dire aux femmes : « Pensez à moi » ; souvent sa bouche en cœur est entourée d'un sourire coquet. Sa figure, sans avoir des traits fins, a quelque chose de distingué et d'avenant.

11 octobre 1856.

LA PRINCESSE
MÉLANIE DE METTERNICH.

Il faut voir une pierre précieuse sous son véritable jour pour en connaître toute la valeur. Il en est qui, quoique d'un grand prix, ne font pas assez d'effet vues à distance, et qui ne peuvent être bien appréciées que par ceux qui les voient de près.

Pour bien juger d'une personne, il faut tenir compte du milieu dans lequel elle a été élevée; c'est ce que j'ai cru devoir faire pour la princesse de Metternich.

La Hongrie est un des pays qui doivent beaucoup à la nature et où les effets de la bonté divine sont des plus visibles. Il peut en résulter pour ses habitants une certaine fierté vis-à-vis des hommes à côté de beaucoup d'humilité à l'égard de Dieu.

La princesse de Metternich devait tout à son beau naturel et à sa foi vive. Elle avait beaucoup de cœur et d'esprit, et une rare perspicacité. Elle était trop entière dans ses opinions pour ne pas être parfois trop sévère dans ses jugements. Elle était d'une franchise sans bornes et ne craignait rien que le bon Dieu. Inflexible de sa nature, elle savait s'incliner aussitôt qu'elle se trouvait en face d'un devoir. Fière avec ses égaux, elle savait être très-aimable envers ses inférieurs. Rien ne lui était plus insupportable que l'adulation; elle repoussait avec aversion ceux qui voulaient se mettre dans ses bonnes grâces en la flattant. Franche au plus haut degré, elle respectait la franchise chez les autres. C'était même un moyen de lui plaire que d'être franc avec elle. Elle méprisait à cause de cela certaines politesses conventionnelles, et s'attirait ainsi beaucoup d'ennemis. Elle était, à tout jamais, l'amie de ses amis et se montrait pleine de dévouement et d'abnégation pour ceux qu'elle aimait. Elle admirait tant son mari et remplissait avec tant de dévouement tous ses devoirs envers lui, qu'il en résultait une espèce de culte.

Il y avait quelque chose de passionné dans son caractère, mais elle savait mettre tout au pied de la croix. En pensant à Dieu, elle maîtrisait sa nature comme par enchantement.

Il y avait, parfois, dans ses mouvements un excès d'énergie qui faisait tort à la grâce, mais il y avait aussi dans toute sa manière d'être une noble élasticité. Elle avait de très-beaux yeux bleus avec l'expression des yeux noirs d'une Espagnole, et ses magnifiques cheveux châtains en rehaussaient encore le charme. Sa tête était d'une beauté frappante ; le profil de sa figure n'était pas classique, mais extrèmement fin. Il y avait autour de sa bouche une certaine expression de franchise et de fierté qui était souvent adoucie par ses regards. C'est dans ses regards que se manifestaient surtout la noblesse et la tendresse de son âme chrétienne.

Elle était une femme forte ; sa force venait d'en haut et lui donnait un empire admirable sur elle-même et sur tous ceux qui la connaissaient bien.

Quiconque l'a vue supporter les plus grandes souffrances physiques avec la douceur d'un agneau et sans cesser de remplir tous ses devoirs, a dû l'admirer. Elle, qui ne pliait jamais devant le monde, était toujours prête à se plier sous la volonté de Dieu.

21 juillet 1858.

M. ANTOINE CHRIST.

Il arrive parfois aux hommes d'esprit, en Allemagne, de se livrer trop aux théories et de négliger la pratique. M. Christ a trouvé l'équilibre si nécessaire entre la théorie et la pratique. Il applique son esprit vigoureux et avide de science à des études profondes, mais il s'occupe, en même temps, de la réalité et sait employer les ressources que les études lui fournissent.

En s'enfonçant dans les livres, il ne perd pas de vue le monde. Il fait attention à tous les événements tant soit peu importants, et il sait toujours trouver le joint entre la vie et la science. Celle-ci lui fournit des lumières, mais il est bien loin de vouloir, par ses lumières, remplacer le jour que la vie réelle peut seule donner. En ne perdant pas de vue la réalité, que bien des savants oublient, il est amené à s'intéresser à beaucoup de choses à la fois. La vie nous oblige à porter notre attention sur mille et mille choses, et il est bien heureux pour nous de posséder des connaissances qui nous aident à les bien contempler.

M. Christ s'énonce très-bien et avec

une facilité rare pour un homme si instruit;
sa conversation est intéressante parce qu'il
s'intéresse lui - même à tout d'une manière spirituelle. Mais ce qui le distingue
surtout, c'est qu'il a un grand besoin
de vérité : il faut qu'il aille au fond des
choses. Son esprit est soutenu par un caractère extrêmement honorable. Il ne considère pas la science comme un moyen de
succès, il s'y livre avec un noble désinté-
ressement; il sait perdre de vue sa propre
personne. Il est toujours disposé à faire
droit aux arguments valables qu'on lui
oppose dans une discussion; il ne cherche
pas la victoire de ses propres opinions,
mais il veut, seulement, que la vérité ait le
dessus. Il peut se tromper et s'est trompé
sans doute comme tout le monde dans sa
vie, mais il abandonnera ses propres opinions aussitôt qu'il les verra en opposition

avec ce qui est vrai et juste. On peut dire qu'il travaillera toujours à se perfectionner, et qu'il étudiera tant qu'il vivra.

M. Christ a aussi un grand sens moral; il est instinctivement contraire à tout ce qui s'oppose à la morale. A côté de beaucoup d'esprit, il a beaucoup de cœur. C'est un très-bon mari et un père très-tendre.

Il suffit de le voir pour se dire que c'est un homme dont l'esprit est toujours en travail : son front a des proéminences et des lignes telles qu'on les rencontre chez les grands penseurs; ses yeux ont des regards pleins d'intelligence, et dans toute sa figure on voit que l'esprit domine chez lui sur la chair. Il est de taille moyenne, exempt de tout embonpoint, et il y a dans son corps et dans ses mouvements quelque chose d'énergique.

20 septembre 1858.

LA MARQUISE DE SAN GIULIANO.

La marquise de San Giuliano a un cœur d'or et a beaucoup souffert par la vivacité de ses affections et de sa compassion. Dans ce bas monde, ceux qui ont beaucoup de cœur ne peuvent s'empêcher d'être tristes et mélancoliques. S'ils n'ont pas de chagrins eux-mêmes, les êtres qui leur sont chers ne manquent pas d'en avoir, et les souffrances de ceux-ci sont, pour eux, plus sensibles que leurs propres douleurs. Mais il y a encore une autre source de mélancolie pour eux. Il est rare qu'on réponde avec une entière réciprocité aux élans de leur cœur, et, dans ce cas, tout en continuant à aimer, ils ne peuvent éviter de se sentir froissés.

Madame de San Giuliano a non-seule-

ment souffert de la tendresse de son cœur,
mais elle a dû subir, dans sa vie, bien des
pertes cruelles qui ont augmenté sa sensibilité naturelle. Il faut avoir souffert soi-
même pour arriver au plus haut degré de
la compassion.

Les souffrances que l'on ne s'est pas atti-
rées par sa propre faute, et qui sont plutôt
des épreuves envoyées par la Providence,
donnent de l'élévation à l'âme de ceux qui
ont une foi vive.

La marquise de Giuliano est parvenue à
cette élévation d'âme tout en pleurant
chaudement ceux qu'elle a perdus.

Après avoir parlé de son cœur, je n'ai
pas besoin de dire ce qu'elle a été comme
épouse, ce qu'elle est comme mère, fille,
sœur et amie. Non-seulement ceux qui lui
sont chers, mais tout le monde peut
compter sur son cœur.

Il y a dans sa manière d'être toute l'initiative, la spontanéité et la grâce que peut donner la tendresse des sentiments à ceux qui ont des dispositions naturelles très-heureuses.

La marquise de San Giuliano est une femme intelligente; elle a une certaine perspicacité méridionale qui seconde très-bien les mouvements de son cœur et la rend capable d'une délicatesse extrême.

Sa figure est fine et a tout à fait le type italien; elle reflète souvent les mouvements de son cœur. Par suite d'une maladie, ses beaux yeux noirs n'ont pas toute l'expression dont ils seraient capables, mais sa figure n'en devient que plus touchante.

9 novembre 1858.

MADAME ANTOINETTE BRENTANO.

Il faut beaucoup de cœur et d'esprit naturel pour rester moralement jeune dans un
âge très-avancé. L'esprit qu'on acquiert à
force d'étude et de frottement avec des personnes spirituelles ne suffit pas pour produire cette jeunesse si attrayante, qui fait si
bien pressentir l'immortalité de l'âme. Mais
il faut pour cela encore plus de cœur que
d'esprit : ce n'est que le cœur qui peut
donner aux sentiments la chaleur et la vigueur absolument nécessaires pour qu'une
personne ait, au moral, le cachet de la jeunesse.

Madame Brentano, tout en étant bisaïeule,
ressemble à une jeune personne, grâce aux
mouvements de sa belle âme que son corps

seconde encore très-bien. Elle a, dans la conversation, une mobilité et une animation que, de nos jours, on rencontre rarement même chez les jeunes gens. Elle aime à trouver un mot pour rire, mais pas aux dépens du prochain; on s'aperçoit, parfois, dans sa conversation que son esprit est en lutte avec sa charité, et qu'elle aurait bien envie de dire quelque chose de piquant; mais son cœur donne le dessus à la charité. Elle sait contraindre ceux qui causent avec elle à développer leur pensée de façon à en empêcher la fausse interprétation. C'est ainsi qu'elle évoque de nouvelles idées qui animent la conversation, y produisent des tournures inattendues et donnent le charme de l'imprévu.

S'étant trouvée en rapports d'amitié avec les plus grands auteurs de notre siècle, et en relations de famille avec des personnes très-spirituelles, madame Brentano a aussi de l'acquis dans l'esprit; mais le naturel y prédomine d'une façon très-agréable. Elle est naturelle dans toute sa manière d'être, et en cela, ainsi qu'en bien d'autres choses, on voit qu'elle est Autrichienne. C'est une des qualités caractéristiques des Autrichiens de conserver intacts, par une grande simplicité, les dons de la nature, et la simplicité est une sauvegarde de la vérité.

Madame Brentano a également à un haut point l'esprit de comparaison, ce qui implique toute sorte de dangers et peut entraîner à des jugements sévères, mais chez elle il ne fait naître ni envie ni sévérité.

Comme toutes les personnes douées d'une grande sensibilité, elle a des sympathies et des antipathies; mais une véritable charité chrétienne tient celles-ci en bride, et la tendresse de son cœur ainsi que la supériorité de son esprit l'obligent à se rendre compte de toutes ses sympathies et élèvent celles qui sont complétement justifiées à la hauteur d'affections pleines de dévouement et d'abnégation.

Madame Brentano est excellente pour tous les siens, charitable à l'égard de tout le monde et de la manière dont on doit l'être. Chez elle la main gauche ne sait pas ce que donne la main droite. Tout en étant si richement douée et si distinguée sous beaucoup de rapports, elle est humble par l'effet d'une foi vive.

Son extérieur répond à sa belle âme. Elle a une taille haute et svelte ; sa figure est encore belle par une grande finesse et la régularité des traits. Elle a un nez presque aquilin, extrêmement fin et bien fait ; son profil rappelle celui de Dante, adouci toutefois par une délicatesse toute féminine ;

ses yeux ont des regards très-spirituels et bienveillants ; il y a beaucoup d'expression autour de sa bouche ; une aimable douceur et une juste indignation peuvent s'y manifester également bien.

5 novembre 1858

LE BARON DE BRUCK.

Il est des hommes naturellement distingués qui semblent appelés par la Providence à remporter des succès et à agir partout d'une manière efficace sur les autres. Ces hommes-là ne peuvent manquer d'un certain élan, mais ils ont, avec cela, la rare qualité de ne pas viser, même lorsqu'ils sont enthousiasmés pour une entreprise, au delà du possible. La froide raison pratique met encore à temps un frein à leur énergie.

Le baron de Bruck est du nombre de ces hommes. Né dans la sphère du commerce et de l'industrie, il en a voulu sortir pour se faire soldat et servir le roi de Grèce ; mais la Providence l'a rejeté dans sa sphère pour l'en faire ressortir d'une manière encore plus brillante. Au lieu de partir pour Athènes, il a été amené à s'établir à Trieste. Il y entreprit, dans le monde commerçant, tout ce que les circonstances rendaient possible, et attira bientôt l'attention du prince de Metternich, qui, en parlant de lui il y a quelques années, disait avec une certaine complaisance : « J'ai découvert M. de Bruck. »

L'année 1848 a fait entrer le baron de Bruck dans l'Assemblée nationale à Francfort ; il y est devenu, ensuite, plénipotentiaire d'Autriche. Le prince de Schwarzenberg lui fit prendre le portefeuille du ministère du commerce, qu'il n'a toutefois pas gardé jusqu'à la mort de ce ministre.

Le baron de Bruck, qui s'était retiré à Trieste, a été, plus tard, lorsque le comte Buol se trouvait à la tête du ministère des affaires étrangères, envoyé en mission extraordinaire à Berlin, où il a conclu un traité de commerce qui s'étend presque à tous les intérêts matériels de l'Autriche et des États formant l'union douanière allemande. A son retour de Berlin, le baron de Bruck fut nommé internonce à Constantinople, où il rétablit, en peu de temps, l'influence légitime de l'Autriche et lui donna un grand ascendant.

Maintenant, il occupe le poste le plus difficile, sans doute, de la monarchie autrichienne, celui de ministre des finances. Il jouit, comme tel, de la confiance de l'Allemagne entière et supporte le lourd fardeau dont il est chargé. C'est qu'il a beaucoup de courage et ne désespère pas là où, avec de l'énergie et de l'intelligence, on peut encore obtenir de bons résultats.

Il a aussi une grande mobilité d'esprit, sans cela il n'aurait pu bien s'acquitter des emplois si différents et si importants que les circonstances et sa rare capacité lui ont fait obtenir. Il a la grande qualité de s'attacher toujours à ce qui est essentiel et de laisser de côté, lorsqu'il le faut, ce qui est secondaire. Il ne s'arrête pas à la forme et va droit au fond des choses. En homme de génie, il sait former de grands projets et concevoir des idées nouvelles et même hardies, et il amène, avec une grande persévérance et une énergie rare, l'exécution de ses projets. Il a beaucoup de bienveillance et sait gagner la sympathie de ceux qui se trouvent en contact avec lui. Il produit, dès le premier abord, une impression favorable. Il a la faculté, précieuse pour un ministre, de pouvoir, dans les moments de loisir, se livrer à un divertissement au point d'oublier ses soucis officiels. Il a du goût pour ce qui est beau et distingué, aime la bonne musique et les belles-lettres. Il est très-tolérant; en même temps, il a de profondes convictions religieuses.

Il a la taille haute, la figure régulière, la tête belle et le nez bien fait; ses beaux yeux bleus ont des regards pleins d'intelligence, de courage et de bienveillance. Son extérieur annonce un homme distingué.

23 novembre 1858.

LADY MALET.

Lady Malet a beaucoup d'esprit, beaucoup de cœur et une imagination extrêmement vive et active qui, bien souvent, donne la direction à son esprit et décide des mouvements de son cœur. Il y a dans son esprit un certain fond d'originalité qui a été encore considérablement augmenté par une rare vivacité d'imagination. Celle-ci donne à lady Malet des antipathies très-prononcées, allant vite jusqu'à une véritable aversion, et des sympathies parfois difficiles à expliquer.

Il lui arrive de ne voir que des anges ou des démons; souvent il n'y a pour elle que des extrêmes, et, tout en aimant le progrès en général, elle est très-accessible à certains préjugés qu'on rencontre parfois dans la haute société de Londres, et qui peuvent entraver les bons mouvements d'un noble cœur.

Quand l'imagination de lady Malet est frappée d'une idée, rien ne saurait l'en faire démordre, et elle agira conformément à cette impression malgré tout le monde.

_ Elle est capable de prendre une personne en grippe quand elle voit dans sa manière d'être un indice de vulgarité ou dans son physique quelque chose de répulsif. Elle s'imagine alors, tout de suite, que cette personne doit être considérée comme très-suspecte quant au moral.

Par suite de cette vive imagination, ses aversions sont toujours accompagnées d'une forte crainte. Mais ce ne sont pas seulement les personnes, il y a encore mille choses qui peuvent lui inspirer une profonde aversion. Une mauvaise odeur passagère suffira pour lui rendre odieux un endroit, un petit animal déplaisant peut lui faire prendre un dégoût profond pour un séjour d'ailleurs très-agréable. Mais cette vivacité d'impressions donne aussi beaucoup de mobilité, de vigueur et de pénétration à son esprit et de l'élan à son cœur. Elle a du jugement dans les affaires politiques et sait agir selon les circonstances. Elle doit cela à sa nationalité. Grâce à celle-ci, elle est, malgré la prédominance de son imagination, encore assez pratique dans les affaires.

Lady Malet a beaucoup d'instruction, et son imagination l'aide à comprendre la manière de sentir et de penser des autres personnes et des autres nations. Elle a de l'intérêt pour tout ce qui marque dans la littérature et un vif besoin de cultiver son

esprit. Elle a assez de ressources en elle-
même pour se suffire et pour ne pas avoir
besoin du grand monde, qui a, toutefois,
assez d'attrait pour elle

Lady Malet sait bien aimer et bien haïr
sans pourtant vouloir nuire.

Elle aime tendrement son mari et ses
fils, et sa tendresse maternelle est accompagnée de beaucoup de sollicitude. Elle
est l'amie de ses amis; on peut compter
sur elle. Elle a une grande prédilection
pour les chiens, et devient parfois tout à
fait originale par son intérêt et sa tendresse
pour eux.

Sa figure est surtout distinguée par de
beaux yeux pleins d'intelligence et de sensibilité; il y a de l'harmonie dans ses traits,
qui ont aussi beaucoup d'expression par
leur grande mobilité. Sa taille est svelte et
élégante, et les mouvements de son corps

ont une élasticité et une énergie répondant bien à l'activité de son imagination.

30 septembre 1859.

LE PRINCE
CLÉMENT DE METTERNICH.

Bien que l'histoire seule puisse porter un jugement définitif sur un homme d'État, on est déjà maintenant autorisé à dire que le prince Clément de Metternich a été un des grands hommes de notre siècle.

Tout en voyant toutes choses de haut, il comprenait, sans s'y perdre, l'importance des questions secondaires et des détails. Il était loin d'avoir ce dédain qui, s'emparant souvent des grands esprits, les empêche parfois de bien observer des choses en ap-

parence peu importantes, dont les conséquences, néanmoins, peuvent être graves;
sa supériorité ne le détournait pas d'écouter des hommes qui se distinguaient plutôt
par leur bon sens et leurs connaissances
spéciales que par leur esprit et leurs manières.

C'est par cette supériorité native qu'il a
souvent prévu de loin ce qui arriverait et
qu'il a toujours été au-dessus de préoccu-
pations personnelles et de toute rancune.
Il était inexorable pour tout ce qui était
contraire à ses principes, mais, en même
temps, indulgent et généreux à l'égard de
ses adversaires.

Il possédait, au plus haut point, le don
de la patience, et celle-ci provenait en partie de son caractère, et en partie aussi d'un
optimisme éclairé. En voyant les choses de
haut, il sut discerner la main de la Provi-

dence dans les événements désastreux, et les a supportés avec une résignation pleine de confiance en l'avenir. C'est ainsi qu'il a conservé son sang-froid et tout son jugement dans les moments les plus critiques. Il possédait, au suprême degré, l'imperturbabilité qui, chez les personnes capables par leur prudence et leur perspicacité de pressentir les suites d'un désastre, ne peut résulter que de cette élévation d'âme d'où naît la conviction que le bien peut provenir même du fond d'un grand malheur.

Le prince de Metternich passait souvent, à tort, pour être pessimiste; il voyait les conséquences de toutes les fautes politiques sous de sombres couleurs; mais, en même temps, son esprit plein de ressources lui montrait le moyen de remédier aux fautes commises.

Lorsqu'il s'agissait d'affaires, la raison

prédominait chez lui, et il n'était pas homme à se laisser aller à l'enthousiasme. Cela pouvait le priver de la chaleur qui gagne les cœurs de prime abord et électrise les masses, mais il en résulta pour lui, dans les affaires politiques, le grand avantage d'écouter toujours plutôt la voix de la raison, qui s'occupe de la réalité, que celle des sentiments, qui font naître bien des illusions.

Il exposait les affaires avec une logique impitoyable. Pour se faire bien comprendre de lui, il fallait tenir le langage de la raison et bien se garder de faire intervenir les sentiments comme argumentation.

La politique du prince de Metternich, qui était marquée au coin d'un grand respect pour le droit, consistait plutôt à prévenir les événements, à les seconder ou à les suivre, qu'à les provoquer. Il y avait parfois une certaine passivité philosophique au beau milieu de son action politique. Il aimait plutôt à laisser mûrir les situations qu'à devancer le temps. Il voyait trop bien les dangers auxquels on s'expose en provoquant des crises sans avoir tout ce qu'il faut pour en sortir victorieux. Il était aussi pénétré de l'impuissance de l'action humaine dans certains moments, et il se croyait alors autorisé à ne pas déployer toute son énergie vis-à-vis de ses adversaires. Il y a des personnes qui prétendent que, vers la fin de sa carrière politique, il méditait trop et laissait échapper l'occasion. Il savait se placer tellement au-dessus des choses qu'il aurait pu, parfois, être moins sensible aux exigences de la réalité; mais, souvent, il n'agissait pas parce qu'il se trouvait abandonné de ceux qui, dans leur propre intérêt, auraient dû le seconder. Il

était pacifique de sa nature, mais il aimait
la paix sans craindre la guerre.

Les qualités qui distinguaient surtout le
prince de Metternich comme homme politique étaient : une modération exempte de
faiblesse, un coup d'œil très-juste et pénétrant, un esprit capable de saisir les plus
fines nuances, une grande simplicité dans
les calculs politiques, une logique très-ser-
rée, un tact aussi fin que sûr, une patience
inébranlable en face des passions les plus
violentes, un sang-froid imperturbable, une
ténacité invincible, un noble mépris des
petits moyens, une rare loyauté et un sincère attachement à ses principes. Par sa
fermeté, il ressemblait au rocher qui reste
immobile tandis que les vagues se brisent
contre lui. Grand dans la résistance, il con-
servait cette immobilité là même où un
mouvement était désiré de beaucoup de ses

amis. Pour lui, l'énergie consistait, parfois, plutôt dans la résistance que dans l'action. Il est des cas où il faut avoir plus de force et plus d'empire sur soi-même pour s'arrêter que pour avancer, et où il vaut mieux ne pas agir que de s'exposer à un échec en agissant. Son influence sur les affaires intérieures de l'Autriche, qu'on a souvent exagérée, était loin d'être assez entière pour lui assurer toujours le succès dans le cas où il eût agi. Un ministre des affaires étrangères se trouve souvent paralysé quand les affaires intérieures de son pays ne sont pas bien réglées.

Le prince de Metternich tenait beaucoup à bien développer son point de vue dans ses dépêches, qui par là devenaient parfois des traités de haute politique et avaient un air doctrinaire; mais la situation politique s'y trouvait résumée en peu de mots, et ces mots étaient si clairs qu'ils devaient frapper l'esprit de tout le monde. Il s'appliquait, surtout, à écarter des affaires toutes les passions et à agir sur les gouvernements étrangers en leur faisant bien comprendre leurs propres intérêts. Si sa correspondance politique pouvait être publiée, bien des personnes seraient obligées de faire amende honorable pour les reproches dont elles l'ont accablé.

Il avait le talent de simplifier les questions politiques les plus compliquées, en découvrant aussitôt leur fond, en élaguant tout ce qui était accessoire ou étranger et en écartant les éléments nuisibles que faisaient naître certaines influences passagères.

Tout en étant très-bienveillant et très-indulgent, le prince de Metternich a été très-sévère pour le parti libéral et même pour les libéraux de bon aloi dont les aspirations étaient dues à un vrai patriotisme et à une sincère philanthropie. Ayant vu la Convention succéder à l'Assemblée nationale, il était jusqu'à un certain point autorisé à avoir une grande aversion pour les libéraux, et il avait maintes raisons de les considérer comme très-dangereux, bien qu'il dût reconnaître que les whigs ont, autant que les tories, contribué à la prospérité, à la gloire et à la grandeur de l'Angleterre, et que les uns et les autres ont été contraires à une trop grande extension du droit électoral par laquelle la quantité finirait par primer sur la qualité.

On jugeait bien mal le prince de Metternich lorsqu'on le disait stationnaire et même rétrograde. Il était très-porté pour le véritable progrès, pour celui qui résulte d'un développement légal et naturel de

tout ce qui a le droit d'exister. Il aimait à
perfectionner tout ce qui est perfectible, et
il en fournissait la preuve lui-même. On
n'avait qu'à voir comme il continuait à faire
des études sérieuses et à s'instruire de ce
qui est intéressant. Il prenait intérêt non-
seulement à la politique, mais encore à bien
d'autres sciences. Les chefs-d'œuvre de
l'art et les beautés de la nature faisaient ses
délices. On ne peut guère imaginer un
homme d'État plus studieux que lui.

C'était une fête pour lui de prendre connaissance d'une nouvelle invention qui manifestait un progrès de l'esprit humain, et il
se réjouissait beaucoup lorsqu'il trouvait
dans un nouveau livre des idées saines, in-
génieuses et originales. Il avait un coup
d'œil admirable pour découvrir ce qu'il y
avait d'utopique et de pratique dans une
idée. Il tenait à avoir connaissance de tous

les nouveaux ouvrages d'une certaine importance, et avait bien raison en cela, puis-
que les idées qu'on y trouve, ou font voir
et caractérisent l'esprit de l'époque, ou in-
diquent les transformations de tous genres
auxquelles il faut s'attendre dans la société
humaine.

On peut dire qu'il avait, au plus haut degré, le goût de la science, et que, tout en
étant très-pratique, il vouait toujours la
plus grande attention au progrès et au développement de toutes les théories.

La vraie science est un grand calmant au
milieu des agitations de la vie humaine; le
prince de Metternich, déjà naturellement si
placide, avait toujours ce calmant à sa dis-
position.

Il avait une certaine prédilection pour
ses propres idées, mais il y était autorisé; en
général, elles étaient très-bonnes.

Il tâchait de bien connaître l'opinion publique et savait la peser au plus juste, mais il ne faisait rien par respect humain.

Comme beaucoup de grands hommes, il avait un culte chevaleresque pour les femmes, et il savait gagner et conserver leur amitié.

Il avait aussi un vif sentiment de sa valeur, mais il était tout à fait exempt d'orgueil. Il lui était impossible de manquer de politesse, et tout naturel d'avoir des égards pleins de délicatese ; mais lorsqu'il le fallait, il savait se renfermer dans une froideur courtoise.

Tout en étant très-prudent, il était disposé à accorder de a confiance et savait en inspirer, ce qui est très-nécessaire chez un diplomate.

Malgré sa grande sagacité, il n'avait pas ce certain air de finesse que l'on rencontre souvent chez des hommes très-habiles, et qui excite la méfiance.

Il avait une grande connaissance des hommes et savait, par là, assigner à chacun la place qui lui convenait et dans laquelle ses qualités pouvaient être du plus de profit et ses défauts nuire le moins. Il aimait beaucoup à reconnaître les mérites des autres et aussi ceux de ses adversaires, et savait toujours tenir compte de l'imperfection et de la faiblesse humaines. Il était bien loin d'oublier les qualités et les mérites d'un homme, même quand celui-ci venait de lui donner un grand sujet de mécontentement. Lorsque les faiblesses d'autrui avaient un côté très-comique, il pouvait en rire avec beaucoup de bienveillance; mais, souvent, tout son blâme ne consistait que dans un silence absolu. Il contemplait les faiblesses humaines de si haut et avec tant d'indulgence qu'elles ne pouvaient pas l'aigrir.

Tous ceux qui ont eu le bonheur de se trouver sous les ordres du prince de Metternich rendront un hommage sincère à sa justice, à son équité, à son impartialité, à sa bienveillance, à la chaleur avec laquelle il savait donner des éloges, à la délicatesse avec laquelle il blâmait et à son vif désir de mettre chacun à son aise dans la position où il se trouvait. Ceux à qui il avait accordé sa confiance étaient auprès de lui à l'abri de toute insinuation perfide et de toute calomnie. Il y a eu des personnes disposées à lui faire le reproche d'avoir été parfois trop indulgent ; mais, en Dieu même, la miséricorde se trouve à côté de la justice.

Le prince de Metternich a été surtout grand en 1848, après avoir donné sa dé-

mission, avec beaucoup de dignité, et après
s'être retiré à Londres ; on voyait, à cette
époque, combien son caractère était admirable. Il envisageait alors l'avenir avec
espérance, ne cessait pas de travailler pour
l'Autriche, en tâchant d'exercer une influence salutaire sur la presse anglaise ; jugeait, avec impartialité, les hommes qui
étaient au pouvoir et ne perdit jamais patience, se disant, avec saint Augustin :
« *Veritas patiens est* », la vérité est patiente.
Il sentait alors toute la force de la vérité à
laquelle il ne pouvait cesser d'être fidèle et
qui lui donnait l'espérance de la victoire,
même lorsque tout pouvait faire craindre
que sa cause ne succombât.

Chez le prince de Metternich, une vraie
grandeur et une autorité imposante étaient
réunies à une noble simplicité et à une rare
bonté de cœur.

Il suffisait de voir le prince de Metternich pour se dire qu'on avait devant soi un homme remarquable. Son front proéminent répondait à l'élévation de son esprit et de son caractère, et était tellement développé par le travail de son intelligence qu'il donnait, pour ainsi dire, l'idée d'une forteresse contre laquelle viennent se briser les forces ennemies, malgré toute l'impétuosité de leurs attaques. Les yeux bleus du prince de Metternich, dont les regards étaient, à la fois, si perçants, si calmes et si bienveillants, étaient en merveilleuse harmonie avec son front et son nez aquilin; toute sa figure annonçait qu'il était né pour dominer par sa supériorité.

A côté de beaucoup d'expression, il y avait, dans sa figure, tant d'impassibilité, surtout autour de sa bouche, que, sans le connaître, on devait en recevoir l'idée que

c'était un homme qui se possédait entièrement.

La physionomie du prince de Metternich parlait, au premier abord, plus à l'esprit qu'au cœur; aussi, des personnes qui
n'avaient pas eu l'occasion de bien l'observer, ont-elles pu avoir pour lui encore plus
de respect et d'admiration que d'affection;
mais celle-ci lui était acquise auprès de
tous ceux qui le connaissaient bien et qui,
ainsi, avaient pu voir que ses sentiments,
exempts de toute chaleur fiévreuse et de
toute exagération, allaient avec beaucoup
de sûreté et de calme jusqu'à la tendresse,
à la générosité, à la magnanimité. Il avait
une noblesse de cœur qui ne pouvait jamais
se démentir et qui se manifestait souvent
par le pardon sincère qu'il accordait spon-
tanément à ceux qui avaient eu de grands
torts envers lui et qui étaient encore bien

loin de vouloir les réparer. Non-seulement il leur pardonnait, mais il leur faisait aussi du bien lorsque l'occasion s'en présentait.

Grâce à un véritable esprit chrétien, il remportait souvent, sans la moindre peine, les plus belles victoires sur un terrain où la faiblesse humaine, soutenue par la passion et l'amour-propre, succombe si facilement. Un homme aussi supérieur que lui par ses sentiments devait être sincèrement et profondément chrétien.

Il y avait dans le port du prince de Metternich quelque chose d'extrêmement noble et distingué. Ses mouvements étaient pleins d'aisance et avaient surtout la grâce qui résulte d'un calme imperturbable.

Il ne parlait pas vite même lorsqu'il s'animait. Il pesait toujours bien ce qu'il disait, et sa voix avait, tout naturellement, quelque chose de solennel.

Il aimait plutôt à parler qu'à écouter, ce qui tenait en partie à ce qu'il avait l'oreille dure ; mais, en général, ce qu'il disait valait aussi beaucoup mieux que ce qu'on pouvait lui dire.

Par une modération extraordinaire, il était toujours maître de lui-même et supérieur à beaucoup d'autres hommes distingués. Il n'y avait pas de bornes pour l'élévation de son caractère et de son esprit ; la vieillesse même ne lui en a pas créé. Le prince de Metternich de l'année 1859 était encore bien au-dessus de celui de l'année 1848. Aussi les hommes les plus marquants de tous les partis, en Autriche, ont-ils rendu, dans les derniers temps de sa vie, des hommages sincères à ses qualités extraordinaires.

Ce fut une grâce de Dieu pour lui d'avoir pu passer les dernières années de sa vie en

dehors des affaires. Il lui fut ainsi permis
de donner à son âme toute l'élévation dont
elle était capable, et on le jugeait déjà, de
son vivant, avec une certaine impartialité.
L'histoire a pu commencer à s'occuper de
lui avant qu'il fût mort.

C'est dans la vieillesse, où en général les
sources du cœur commencent à tarir, que
s'est développée chez lui une très-grande
tendresse. Elle répondait parfaitement au
dévouement affectueux de sa femme, qui,
fort pieuse et pleine d'admiration pour son
mari, s'oubliait elle-même à tous moments
pour ne penser qu'à lui et lui prodiguer
tous les soins imaginables. Lorsqu'elle
mourut, les larmes que cette mort lui arra-
cha étaient dues à une douleur profonde,
mais pleine de résignation. Il lui survécut
cinq ans, entouré des siens qui tous s'effor-
çaient, avec la plus vive affection, de com-

bler, par les soins les plus délicats, le vide que cette mort avait fait dans son existence.

Le prince de Metternich a montré de l'activité jusqu'à sa fin. Le travail, qui est une des plus grandes bénédictions du Ciel, était un besoin tout naturel pour lui ; il profitait de chaque moment, lisait avec la plus grande attention les journaux les plus importants de toutes les couleurs, ainsi que les ouvrages marquants qui paraissaient en Allemagne et en France, et écrivait beaucoup de lettres, surtout dans le but d'être utile par ses conseils.

Sa mort n'a été amenée par aucune maladie, mais seulement par une entière prostration de forces. Il expira doucement, après avoir reçu les derniers sacrements et avoir pris congé de ses amis et des siens, au moment même où il voulait encore bénir tous ses fidèles serviteurs. Sa mort a été un beau couronnement de sa vie.

1860.

LE BARON ALOYSE DE KÜBECK.

Le calme est une des qualités les plus précieuses pour ceux qui doivent traiter des affaires importantes; il conserve à l'esprit toute sa justesse, maintient la volonté dans la voie de la raison, et fait éviter le danger de blesser l'amour-propre d'autrui. Le calme provient parfois d'une certaine tendance à une grande passivité, il est alors accompagné d'un manque d'énergie qui diminue beaucoup sa valeur. Ce n'est donc que lorsque l'énergie lui est jointe qu'il mérite de grands éloges.

Le baron de Kübeck a le bonheur de posséder un calme énergique, il aime à agir, et ne perd pas son calme en agissant. Il est, à un haut degré, maître de lui-même, et reste imperturbable même dans des moments où il se trouve très-contrarié.

Son calme naturel l'aide beaucoup à bien voir les choses et à les bien apprécier. Comme il a aussi beaucoup d'intelligence et d'esprit d'observation, ses jugements sont, en général, très-justes.

Il est très-disposé à écouter tout le monde, et l'on peut dire qu'il écoute non-seulement des oreilles, mais aussi des yeux; cela contribue à le rendre sympathique et très-agréable dans la conversation. Il est très-accessible à toutes les bonnes idées des autres, et, tout en ayant le courage de son opinion et assez de fermeté de caractère, il est disposé à modifier et à changer sa manière de voir lorsque celle des autres est meilleure.

Chez lui, la fermeté ne dégénère pas en opiniâtreté, ni la souplesse en faiblesse.

Il a le talent de savoir traiter et utiliser chacun selon son individualité, et il parvient facilement à se conformer aux autres tout en restant fidèle à lui-même.

L'esprit a un grand charme pour lui, et il l'apprécie surtout lorsqu'il est pratique. Il aime la politique, les affaires et le monde, et s'occupe plutôt de la réalité que du côté idéal de la vie.

Il s'énonce très-bien, et il y a beaucoup d'à-propos dans tout ce qu'il dit et fait. Il a aussi le vrai sentiment des nuances, qui est si nécessaire à un diplomate. Tout en ayant beaucoup de finesse et de sagacité, il sait inspirer de la confiance. Il est habitué à avoir un but en tout ce qu'il fait ; mais quoique faisant les choses à dessein, il reste entièrement naturel. Il aime à faire plaisir aux autres; il ne s'abstient pas de juger les hommes, mais il ne manque pas de bienveillance et saisit l'occasion de faire du bien. Il aime à se faire des amis et à en avoir beaucoup.

Avec tout cela, M. de Kübeck ne peut manquer d'avoir du succès dans le monde; aussi a-t-il fait une très-belle carrière.

Il a, en même temps, ce qu'il faut pour le bonheur domestique; on trouve chez lui le véritable esprit de famille. Il est excellent comme mari. Il y a dans son port de la dignité naturelle, et si sa figure n'a rien de saillant, elle est très-agréable par l'expression que lui donnent des yeux châtains, très-parlants, qui forment un beau contraste avec le reste de sa physionomie où le calme prédomine.

19 juin 1860.

LA BARONNE DE BÜLOW-LINDEN.

Ce qui donne le plus de charme à une femme, c'est une grâce naturelle se manifestant dans tous ses mouvements et dans toute sa manière d'être.

La baronne de Bülow possède cette grâce jointe à une grande distinction dans les sentiments et dans le maintien.

Elle a autant de cœur que d'esprit, et, tout en étant très-réfléchie, elle ne manque pas de cordialité ni d'abandon.

Elle a beaucoup d'esprit d'observation et saisit facilement les nuances fines et délicates que ceux qui ont beaucoup de tact ne perdent point de vue. Elle a aussi assez de présence d'esprit pour savoir aussitôt ce qu'il faut faire. Par son usage du monde et

sa grande aisance, elle parvient toujours à
mettre les autres à leur aise.

Elle a non-seulement un sentiment très-
vif de ses devoirs, mais elle va encore jusqu'à les aimer. Elle est aussi très-charitable.

Elle a le besoin de s'attacher. Déjà, étant
jeune fille, elle a eu des amies très-intimes;
elle est très-capable d'une vraie amitié qui
n'oublie jamais en rien ceux à qui elle est
vouée.

C'est un plaisir de voir marcher et danser
madame de Bülow; même ne la connaissant pas autrement, on se dit aussitôt que
c'est une personne très-distinguée.

Elle sait causer, a une voix agréable et
capable d'inflexions expressives. Elle fait
des vers charmants. Elle peint joliment.
Elle a, en tout, le goût sûr et délicat; ce qui
est contraire au bon goût lui répugne tout
de suite.

Sa figure ovale plaît surtout par une grande harmonie et beaucoup de distinction dans les traits. Madame de Bülow a la bouche agréable, des tempes bien voutées, un joli front et un nez bien proportionné. Ses beaux cheveux châtains s'accordent avec ses yeux bleus dont les regards sont parlants et parfois aussi gracieusement vagues.

La baronne de Bülow est presque grande; elle a la taille fine et gracieuse.

25 décembre 1851.

M. DE TALLENAY.

Il y a peu d'hommes qui sachent jouir de la vie. Les uns s'attachent trop au passé, les autres sont trop préoccupés de l'avenir, et le présent échappe aux uns et aux autres

sans qu'ils en aient tiré assez parti. M. de
Tallenay a su profiter du moment et des
circonstances, ne se laissant pas aigrir par
des contrariétés. Il savait rester gai même
dans les temps difficiles et dérider ceux
qui, de leur nature, étaient peu disposés à
la gaieté.

Ayant beaucoup d'esprit d'observation
et de perspicacité, il portait toujours un jugement juste sur son entourage et sur la situation où il se trouvait, et, en vrai diplomate, il savait nuancer sa conduite si bien
qu'elle était toujours en harmonie avec les
personnes et les circonstances. Grâce aussi
à sa grande connaissance des hommes, il
savait parler à l'esprit de tout le monde. Il
avait beaucoup de ressources dans la conversation et savait dire même des choses
très-fortes en leur donnant une bonne tournure. Quoiqu'il eût beaucoup d'abandon

dans les manières et surtout dans la conversation, il ne manquait jamais de la réserve nécessaire. Lorsqu'on entendait sa voix dans un salon, on pouvait être sûr de jouir d'une causerie agréable.

Le véritable bon sens, qui est plus rare qu'on ne le croit, abondait tellement chez M. de Tallenay qu'il lui aurait été impossible de faire quelque chose qui y fût contraire. Le bon sens était sa boussole en politique, et, étant exempt de passion, d'illusions et de préjugés, ne prenant jamais ses désirs pour des espérances, ses appréciations sur les événements politiques étaient excellentes. Il ne perdait jamais de vue la réalité et ne laissait agir son imagination qu'autant qu'il le fallait pour se mettre à la place d'autrui et pouvoir entrer dans les sentiments et pénétrer les projets de ceux à qui il avait affaire.

Tout en ayant du patriotisme et étant Français du fond de l'âme, il était toujours sans illusions à l'égard de son pays, et le voyait tel qu'il était. Aucun succès ne pouvait l'enivrer. C'était un vrai Français sous le rapport de la politesse, qui ne lui faisait jamais défaut.

Il parvenait, en général, à se rendre agréable à tout le monde, ce qui tenait non-seulement au grand fond de gaieté dont il disposait avec beaucoup d'esprit, mais aussi à une grande bienveillance naturelle. Avec sa rare perspicacité, il voyait bien les défauts d'autrui, mais il n'en parlait que lorsqu'il y était amené et toujours sans fiel, relevant en même temps les bonnes qualités dont ils étaient accompagnés.

Il inspirait beaucoup de confiance non-seulement par sa loyauté, sa bienveillance et son abandon, mais encore par sa discré-

tion et sa délicatesse. La causerie ne dégé-
nérait jamais, chez lui, en commérage.

Il avait une grande facilité à s'énoncer, et
il trouvait souvent des mots heureux et si
frappants, que tout le monde aimait à les
répéter.

Il était l'ami de ses amis, et n'était l'en-
nemi de personne.

Il n'était blasé sur rien, ce qui est un
grand mérite dans notre siècle, et même de
petites choses lui faisaient beaucoup de
plaisir.

Ses manières se distinguaient par une
noble simplicité et une grande aisance. Il ne
pouvait être embarrassé.

Il était de haute taille et avait une certaine prestance.

Sa figure, dont les traits n'étaient ni réguliers ni fins, avait une expression agréable
par un front annonçant beaucoup d'intelli-

gence et par des yeux gris dont les regards très-parlants animaient sa physionomie.

Tout le monde, à Francfort, est unanime à regretter vivement la mort de M. de Tallenay, et cette unanimité parle bien en sa faveur.

6 janvier 1863.

LA BARONNE DE KÜBECK.

La baronne de Kübeck est très-fidèle à tous ses devoirs; elle ne les oublie pas même dans les petites choses. Tout ce qu'elle fait est tellement adapté aux circonstances que tout le monde doit admirer son tact.

Il faut beaucoup d'intelligence et de pénétration pour avoir autant de tact. Aussi

madame de Kübeck a-t-elle un esprit très-
fin, saisissant des nuances qui échappent
même à des hommes très-intelligents. Elle
a, en même temps, beaucoup de logique.
Ce qui est sentimental ne lui plaît guère,
mais elle a beaucoup de cœur et est capable
de profondes affections.

Elle ne vit que pour son mari et ses
enfants. Sa tendresse maternelle est clairvoyante et ne recule devant aucun sacrifice.
Le grand monde n'est qu'un accessoire
pour la baronne de Kübeck, quoiqu'elle
y soit si bien à sa place. Elle fait les honneurs de chez elle avec tant d'amabilité,
d'abandon et d'intelligence, que tout le
monde en est enchanté. Elle sait faire ré-
gner l'ordre dans sa maison. Tout y est ar-
rangé avec beaucoup de goût et d'une
manière à la fois élégante et pratique.

Tout en voyant les défauts d'autrui, elle

est bienveillante. Il y a à cela d'autant plus de mérite qu'elle est assez disposée à avoir des antipathies et que peu de chose suffit pour lui donner de l'aversion pour une personne.

Elle a dans la conversation beaucoup de facilité et d'assurance ; on voit tout de suite qu'elle est Française, ce qui se manifeste aussi par la mobilité de son esprit et par la vivacité de ses mouvements.

Elle a une aisance qui ne se dément jamais, elle ne saurait être embarrassée. Avec beaucoup d'assurance, elle n'a pourtant pas un air trop décidé. Chez elle, une grande douceur est jointe à beaucoup d'énergie. En la voyant agir, on se souvient du proverbe : « Ce que femme veut, Dieu le veut. » Elle a beaucoup d'empire sur elle-même et va parfois jusqu'à se traiter durement.

Elle a du talent pour beaucoup de choses : elle dessine bien, joue du piano et parle très-bien l'allemand. Il y a quelque chose de doux dans sa voix qui rend toutes les nuances de sa pensée et de ses sentiments.

La figure de la baronne de Kübeck a beaucoup d'expression; on admire ses beaux yeux bleus dont les regards tantôt perçants et pleins d'intelligence, tantôt très-doux et bienveillants, font deviner la richesse du fond de son âme.

17 février 1863.

La Comtesse
DE PROKESCH-OSTEN.

Il y a des êtres d'élite qui sont toujours gracieux et vrais. La comtesse de Prokesch a cette grâce naturelle qui est un don du Ciel et qui s'étend sur tout; elle s'emportera même avec grâce et elle sera gracieuse en s'attendrissant. Elle a aussi toute la grâce que donnent l'énergie et une animation naturelle. Il y a de l'âme dans tout ce qu'elle dit et ce qu'elle fait. Tout est bien senti chez elle, et tous ses sentiments coulent de source.

Elle a le courage de se montrer toujours telle qu'elle est, et elle pourrait même être tentée de trop braver les préjugés enracinés et l'opinion publique. Le courage ajoute encore à l'originalité que lui donne le fond de son âme et qui frappe déjà dès l'abord tous ceux qui ont le bonheur de la voir et de l'écouter. Son écriture qui incline à gauche, contrairement à la plupart des écritures, manifeste aussi cette originalité.

La comtesse de Prokesch a tant d'intelligence, de pénétration naturelle et d'esprit d'observation qu'il lui est facile de saisir le caractère d'une personne et qu'elle sait se mettre à la place de tout le monde.

C'est ainsi qu'elle joue la comédie avec un naturel qui rend l'illusion complète et qui ne le cède en rien à celui des actrices françaises les plus distinguées. Ce naturel est le comble de l'art.

Elle a aussi un tel besoin de vérité que son jeu est vrai sous tous les rapports et dans tous ses détails. Elle rend bien les nuances des différents rôles. Sa voix est capable de beaucoup d'inflexions et ses yeux sont si parlants qu'ils parviennent à dire tout ce que la voix ne saurait exprimer. Il y a dans son jeu de véritables révélations de la nature humaine et aussi des contrastes charmants : elle est tantôt mutine et espiègle comme un lutin, tantôt émue et touchante, tantôt ingénue et tantôt naïve. Le cœur lui fournit autant que l'esprit, et parfois l'un paraît vouloir l'emporter sur l'autre. C'est cette lutte qui produit des contrastes charmants, surtout au moment où la victoire se déclare.

Ce qui donne encore beaucoup de charme à madame de Prokesch, c'est son énergie perçant en tout, non-seulement lorsqu'elle est en scène, mais aussi quand elle se trouve autre part. Ses manières en ont l'empreinte et diffèrent de celles des personnes habituées à la roideur et à la réserve prédominantes dans certains salons.

Par son énergie naturelle, elle a un succès extraordinaire dans les rôles qui exigent principalement une grande assurance. Ses traits et tout son corps obéissent toujours à sa volonté, de sorte qu'il en résulte une harmonie complète.

On voit, dans toute sa manière d'être, qu'elle a une volonté très-forte et qu'elle pourrait même parfois devenir opiniâtre. Dans certaines occasions, elle ne manque pas d'esprit d'opposition, mais elle a trop de cœur et d'esprit pour être capricieuse.

On peut lui rendre hommage, non-seulement comme à une grande artiste, mais aussi comme à une nature sincèrement bonne. Elle a toujours le vif désir de ne blesser personne et elle est charitable.

Il y a dans son organe très-agréable les accents d'une grande douceur aussi bien que ceux de la fermeté et de l'indignation. Le timbre de sa voix se prête à exprimer les plus profondes émotions et fait vibrer les cordes les plus sensibles de l'âme. Cette même voix peut prendre le caractère gai et naïf de la plus tendre jeunesse.

La figure de la comtesse de Prokesch, dont les traits sont fins, harmonieux et capables d'une grande animation, n'a rien de saillant, mais ses beaux yeux, d'une couleur indécise qui rappelle celle de la mer, lui donnent beaucoup d'expression. Ils sont tantôt voilés et pleins de douceur, tantôt étincelants comme s'ils renfermaient du feu; ils expriment toujours à merveille tout ce qu'elle veut manifester. Les mouvements de sa bouche ajoutent encore à leur expression.

La comtesse de Prokesch, qui n'est pas grande, a un corps bien proportionné et la taille fine et dégagée. Ses pieds et ses mains sont petits. Elle est très-agile, et il y a, à la fois, de la grâce et de l'énergie dans tous ses mouvements.

Ses cheveux châtains, formant naturellement de petites boucles, ajoutent encore au charmant cachet d'originalité dont elle porte l'empreinte.

26 mars 1863.

LE BARON VON DER PFORDTEN.

Chez le baron von der Pfordten l'esprit est aussi sain que le corps ; le moral est chez lui en parfaite harmonie avec le physique ; son corps plein de vigueur répond aux mouvements de son âme saine et forte.

Le baron von der Pfordten a tout ce qu'il faut pour bien agir. Par sa profonde instruction, par la clarté de son esprit et la supériorité de son intelligence, il parvient à juger bien de toutes les questions et à bien traiter les affaires qui se présentent à lui.

Lorsqu'il s'est formé une opinion, il a le courage de la prononcer, et possède le talent de le faire d'une manière on ne peut plus frappante. Il parle et écrit avec beaucoup de facilité, de précision et de clarté. Il ne peut que bien écrire, et, selon Buffon :

« Bien écrire, c'est à la fois bien penser,
« bien sentir et bien rendre; c'est avoir, en
« même temps, de l'esprit, de l'âme et du
« goût. »

Il a aussi le rare talent de traiter les matières les plus sèches de telle sorte qu'elles deviennent intéressantes. Il a tant d'énergie qu'il est parfois tenté de se servir d'expressions très-fortes. Avec tout cela, il n'a pas l'amour-propre dont ceux qui écrivent souffrent souvent, à tel point qu'il leur en coûte beaucoup de faire des changements ou de supprimer quelque chose. Les difficultés qui empêchent fréquemment d'autres hommes d'État d'agir en temps utile n'existent pas pour lui. Le travail lui est facile, et il en a l'habitude et le goût. Les tâches les plus difficiles ne l'effrayent pas, et il ne craint pas la lutte.

Son courage et sa loyauté font prédominer chez lui la franchise; il est parfois même franc aux dépens de la prudence, en manifestant ses pensées intimes et en blessant l'amour-propre d'autrui. Tout ce qui est affecté lui répugne. La finasserie lui déplaît. et la sensiblerie lui est odieuse. Il a beaucoup de cœur, mais un esprit trop viril pour s'attendrir facilement; il a cependant toujours assez de compassion pour ceux qui en sont dignes.

Il est excellent et très-affectueux comme époux et comme père. En toutes choses, il sera toujours guidé par le sentiment de ses devoirs.

Il a du goût et de l'intérêt pour tout ce qui est beau, et sait jouir de la vie de telle sorte qu'en recréant son esprit et son corps il gagne de nouvelles forces pour le travail.

Il porte toujours son attention sur ce qui est essentiel, de telle sorte que des choses secondaires peuvent lui échapper. Mais il a le sentiment des nuances fines et délicates ; on s'en aperçoit bien dans son style. « Il « faut tout sentir pour tout peindre. »

Il ne peut qu'être vrai en tout. La vérité est pour lui un besoin impérieux à qui tout doit céder. Inébranlable lorsqu'il s'agit de défendre un principe, il est très-disposé à faire des concessions dans les questions secondaires. Toujours prêt à surmonter les difficultés, il n'en fait pas naître lui-même sans une nécessité absolue.

Celui qui a occasion de connaître le noble

caractère, la grande capacité et la haute intelligence du baron von der Pfordten lui donnera sa confiance. Il serait à désirer qu'il y eût, en Allemagne, beaucoup d'hommes de sa trempe.

Le baron von der Pfordten est de haute taille, a un corps très-robuste et une figure dont les traits sont moins fins que réguliers et qui doit à un teint vif et clair un air de santé et de vigueur qui contribue à le rendre agréable. Mais ce qui lui donne beaucoup d'expression, ce sont ses grands yeux, dont les regards pénétrants sont pleins d'intelligence et d'énergie. Il a des manières simples et naturelles, et sa fermeté de caractère se révèle dans son maintien. Ayant beaucoup de naturel et d'abandon, il met tout le monde à son aise. Il rend la vie facile à lui-même et aux autres.

6 mai 1865.

LA PRINCESSE

PAULINE DE METTERNICH.

Toujours animée et animant tout autour d'elle, la princesse de Metternich est un élément précieux pour toute société. L'animation lui est aussi naturelle que le vol à un oiseau ; c'est, en même temps, ce qui la caractérise le plus. Il faut avoir une grande énergie, un vif intérêt pour ce que présente le moment, et le désir de s'amuser et d'amuser les autres, pour être toujours aussi animée qu'elle l'est. Elle a beaucoup de perspicacité, observe si bien et agit si vite qu'elle parvient à tirer profit des personnes et des circonstances, et à entraîner même ceux qui font l'effet de statues. Elle a très-bon cœur, et sa bienveillance naturelle la dispose à s'intéresser à ceux qui l'entourent et à être aimable pour tous ceux qui l'approchent.

Elle a beaucoup d'esprit et le manifeste d'une manière très-naturelle et souvent originale.

L'entraînement que produit l'animation peut avoir des inconvénients en excluant la réflexion qui fournit parfois des nuances précieuses lorsqu'il faut agir ou parler; mais il est aussi vrai que l'à-propos tient souvent à l'animation et à l'entrain qui en résulte.

L'animation naturelle de la princesse de Metternich contraste agréablement avec l'agitation nerveuse des femmes ambitieuses et coquettes, avec l'indifférence des personnes blasées ou hautaines et avec la réserve exagérée des prudes.

L'animation double la vie; de nos jours elle est bannie, tantôt par la grande fatigue

résultant de ce qu’on entreprend trop, tantôt par l’ennui de l’indifférence et de
l’égoïsme. Elle est devenue une chose si
rare qu’on en est presque étonné.

La princesse de Metternich n’aime pas la
contrainte, et elle a beaucoup d’abandon,
mais elle sait aussi être réservée lorsqu’il le
faut. Son esprit a besoin de mouvement,
d’occupation et de distraction ; le monde,
ou tout au moins une nombreuse intimité,
est un vrai besoin pour elle. Tout en ayant
le désir de s’amuser, elle pense aux choses
sérieuses et remplit exactement tous ses
devoirs. Elle est profondément religieuse.

Bien des personnes s’occupent beaucoup
du passé ou de l’avenir, la princesse de
Metternich est toute au présent. Tout ce
qui s’y trouve, grand ou petit, triste ou
gai, l’intéresse. La mode, qui est l’enfant
chéri du présent, l’occupe aussi à tel

point que, parfois, elle lui donne des im-
pulsions.

Elle est vraie en tout et tellement franche
qu'elle en devient très-originale. Ayant une
bonne conscience et d'excellentes intentions,
elle y est autorisée jusqu'à un certain point.

Elle a beaucoup de caractère, et elle sait
être l'amie de ses amies. Elle est toujours
la même. Elle est au-dessus de toutes les
petites jalousies et des rancunes que fait
si souvent naître l'amour-propre blessé.

Elle a beaucoup d'initiative naturelle et
est habituée à diriger. Il faut que ce soit
bien nécessaire pour qu'elle accepte une direction.

Elle a le goût des beaux-arts, est très-
bonne musicienne et joue très-bien la comédie.

La princesse de Metternich a, dans ses
mouvements, la grâce que donnent le natu-

rel, une grande élasticité et une noble assurance. Elle a une taille fine et svelte, et beaucoup de distinction dans son maintien. On est unanime à dire que c'est une vraie grande dame.

Ses traits sont indécis et capables de recevoir beaucoup d'expression par leur grande animation naturelle qui se manifeste aussi dans ses yeux bruns pleins d'intelligence et de feu.

21 septembre 1863.

LA BARONNE DE BEAULIEU.

Il est rare de rencontrer des personnes auxquelles il est impossible de ne pas être bonnes. En observant la baronne de Beaulieu, on acquiert la conviction qu'elle est bonne et pleine de délicatesse. Sa bonté dérive de haut et d'une source intarissable; elle est si évidente que tout le monde est unanime à la reconnaître. Il n'y a de différence que quant à l'enthousiasme avec lequel on en parle.

La délicatesse de la baronne de Beaulieu tient à sa constitution morale et physique. Sa complexion est si fine, si délicate, qu'elle en devient extrêmement sensible, et qu'étant facile à blesser, elle sent vivement tout ce qui pourrait blesser les autres. Sa bonté lui fait sentir le besoin d'éviter tout froissement. Aussi ne l'ai-je jamais entendue prononcer une parole qui pût blesser quelqu'un. Elle a toute la perspicacité que donne un cœur extrêmement bon et sensible; rien n'échappe, pour ainsi dire, aux yeux de son cœur.

Elle sait découvrir chez les autres les

côtés sensibles et ne saurait regarder une blessure sans en sonder toute la profondeur et y verser du baume. La charité n'est pas seulement un doux devoir pour elle, mais encore un vrai besoin. Il n'est guère possible d'avoir plus de douceur qu'elle n'en a. On peut dire d'elle que « une loi de douceur est sur ses lèvres ».

La baronne de Beaulieu a une grande intelligence qui l'aide à bien observer et à connaître à fond ceux avec qui elle se trouve en contact. Elle a tant de cœur que quelques personnes sont tentées de lui accorder moins d'esprit qu'elle n'en a réellement. Ce qui contribue encore à cette fausse appréciation, c'est que madame de Beaulieu aime parfois à rester silencieuse et passive dans le monde, mais elle n'en pense pas moins, et son jugement est très-juste.

Son esprit étant irrésistiblement porté à

s'élever et à planer dans les hautes sphères, elle a souvent de la peine à s'intéresser à ce qui se passe sur la terre et en devient parfois d'autant plus rêveuse et distraite que, chez elle, l'imagination est très-active. Mais tout cela ne l'empêche cependant pas de faire les honneurs de son salon avec beaucoup de circonspection.

Une femme très-distinguée et spirituelle a comparé madame de Beaulieu à un saule pleureur, parce que sa tête est presque toujours légèrement penchée, et qu'une douce mélancolie prédomine chez elle.

Elle a aussi la nature du lierre. L'attachement lui est un besoin. Elle mourrait, si elle ne pouvait s'attacher, et elle a tant d'élan qu'elle peut s'attacher au ciel même.

Le cœur ne sent pas seulement chez madame de Beaulieu, il agit aussi. Combien de fois n'essuie-t-elle pas les larmes du pauvre en visitant sa demeure, et n'accourt-elle pas au chevet d'un mourant pour lui offrir les consolations les plus sublimes et lui rendre la mort plus facile en tournant, avec douceur, son âme vers la patrie où elle doit retourner!

En considérant madame de Beaulieu, je suis amené à avouer que, dans le fond, le monde est juste, car on est unanime à dire d'elle beaucoup de bien.

On peut s'imaginer ce qu'a dû être pour un cœur aussi sensible que le sien la mort subite d'une sœur chérie avec laquelle elle ne formait qu'une seule âme, et à qui elle s'était attachée avec toute l'énergie de son exquise sensibilité.

Son extérieur porte le cachet de la douceur, de la délicatesse et de la noblesse. Ses traits sont fins, un peu indécis, mais capables de beaucoup d'expression. Ses yeux bleus, légèrement voilés, ont des regards compatissants et affectueux, et s'accordent à ravir avec ses beaux cheveux blonds et son teint délicat.

Madame de Beaulieu a un sourire charmant plein d'intelligence et de bienveillance.

Elle est grande, sa taille est fine et svelte; aussi a-t-elle très-grand air lorsqu'elle monte à cheval.

24 septembre 1853.

M. DE ***.

Il n'est guère possible d'être plus doucereux que M. de ***. Tout, chez lui, respire une douceur qui devient suspecte par son exagération. Sa voix ne cherche que les inflexions les plus douces, ses yeux s'efforcent d'avoir toujours des regards doux, et sa bouche même fait des efforts pour se mettre en cœur. Son corps a une grande tendance à se plier et à s'incliner, et l'on aurait de la peine à se le représenter dans la pose mâle d'un homme qui attend son adversaire de pied ferme pour se défendre et riposter.

Si un poëte cherchait une comparaison pour bien caractériser M. de ***, il se détournerait sans aucun doute du chêne ou de tout autre arbre vigoureux qui, ayant un tronc robuste et des racines profondes, ne plie pas, et il s'arrèterait au roseau qui tremble à tout souffle de vent et plie de tous côtés.

Pour inspirer de la confiance, il faut être ferme. La douceur et la souplesse peuvent prédominer chez une femme, mais un homme ne saurait avoir trop de fermeté.

Aussi tout le monde se méfie de M. de ***.
On le croit capable de faire tout ce qu'on
lui commande. Il n'a que peu d'idées à lui
et paraît manquer d'initiative.

Il est très-modeste non-seulement par politique, mais aussi de sa nature.

Il est excellent homme d'affaires, mais
il est bien loin d'être un bon diplomate, car
il devrait, comme tel, inspirer de la confiance. Il est encore plus loin d'être un
homme d'État, à qui il faut des principes,
des idées, beaucoup d'initiative et autant
de fermeté que de souplesse.

L'activité de M. de *** rappelle souvent
celle de la fourmi qui ramasse tout ce qui
lui est utile pour ses constructions souter-
raines. Il est heureux lorsqu'il trouve de la
matière pour une dépêche, et il prend bien
vite note de tout ce qu'on dit.

M. de *** a de profonds sentiments religieux, beaucoup d'instruction et le goût des beaux-arts ; il parle et écrit avec plus de facilité que d'élégance.

Le sentiment de ses devoirs est très-vif chez lui ; il est consciencieux, bienveillant et même charitable. Le fond de son âme est beaucoup meilleur que ne le feraient supposer les apparences. En général, on trouve ses allures désagréables. Il a parfois, en marchant, des mouvements qui rappellent la couleuvre : il glisse au lieu de marcher.

Son regard que l'on a de la peine à saisir, ses traits mobiles et assez réguliers, mais peu prononcés, son teint plombé et huileux, et toute sa tournure, concourent à renforcer l'air de faux bonhomme que lui donne sa douceur exagérée.

7 mars 1864.

MADAME DE BIEGELEBEN-LÖW.

Madame de Biegeleben a autant d'esprit que de cœur, et l'on peut même dire que l'esprit et le cœur se confondent chez elle bien souvent. Elle voit et juge avec les yeux du cœur, et son esprit lui donne des sentiments affectueux que le cœur développe ensuite.

Elle recherche aussi l'esprit et le cœur chez les autres, et se sent attirée vers tous ceux qui en promettent.

Il lui est naturel d'avoir la tête un peu inclinée et de se pencher vers ceux à qui elle parle comme pour écouter ce que dit leur âme. Malheureusement, toutes les âmes ne parlent pas; mais madame de Biegeleben sait faire parler toutes celles qui sont capables de se communiquer, tant elle leur montre d'intérêt et se penche vers elles avec sympathie.

Le désir de scruter les âmes perce parfois chez elle, mais elle n'en inspire pas moins de confiance pour cela, parce qu'on voit que ce désir provient plutôt d'un intérêt bienveillant et du besoin de trouver des personnes sympathiques que d'une trop grande curiosité.

Madame de Biegeleben est le type de la femme allemande sensible, fidèle à tous ses devoirs et pleine de dévouement pour son mari.

Elle est possédée du vif désir de se perfectionner en tout. Non-seulement elle lit, mais encore elle étudie, et les bons livres font ses délices. Elle aime la conversation et l'animation que lui donne l'esprit. Elle a le goût des beaux-arts et est bonne musicienne. Les plaisirs lui sourient, et elle aime à s'amuser ; mais il lui est tout naturel de placer toujours en première ligne ses devoirs. Elle ne se contente pas d'être bienveillante, elle est aussi charitable d'une manière très-active. C'est un besoin pour elle que de visiter les pauvres. Elle est naturellement pieuse.

Bien qu'elle ait vécu dans des contrées où l'on fait le plus grand cas de l'esprit et de la science, elle apprécie toujours beaucoup le cœur et tout ce qui en provient. Par le désir d'être spirituel, on cesse souvent d'être bienveillant ; mais madame de Biegeleben n'est pas exposée à ce danger.

Sa figure, dont les traits sont harmonieux, décèle son caractère ; ses yeux bleus sont très-parlants, son regard peut être, suivant les circonstances, bienveillant, scrutateur ou rêveur, et il semble souvent lire dans l'âme des autres. Ses cheveux sont blonds, et son teint est clair et vif. Elle est de moyenne taille, et la tendance à se pencher prédomine dans ses mouvements.

23 avril 1864.

LA COMTESSE DE BARRAL.

La comtesse de Barral est aussi belle que bonne. Tout le monde le sait, elle seule l'ignore, par une profonde modestie. Elle est simple et naturelle, tout est vrai chez elle.

Étant extrêmement bonne elle-même, elle est fort disposée à supposer de bonnes intentions à tout le monde. Elle est très-confiante et a parfois un abandon qui frise la naïveté et qui montre la pureté de son âme.

Elle sent encore plus qu'elle ne parvient à exprimer.

Elle vit dans le monde sans qu'il puisse influer sur elle. Elle jouit de ses plaisirs avec une véritable gaieté, mais elle ne perd jamais de vue l'éternité. Elle est si naturellement et si profondément religieuse, que tout la porte à diriger ses regards vers le ciel.

Elle ne saurait qu'être entièrement à ses devoirs. Elle peut servir de modèle comme femme, mère et amie.

Son cœur est si riche qu'il suffit à tout.

Il est impossible à la comtesse de Barral de blesser quelqu'un ; on se sent entièrement sûr vis-à-vis d'elle. Cette sûreté est encore augmentée par la conviction qu'il lui serait très-difficile de prendre quelque chose en mauvaise part. Elle ne fera souffrir personne par une susceptibilité dont, parfois, même des gens très-aimables et très-distingués ne sont pas exempts.

On se réjouit de voir qu'une belle âme se trouve dans un corps qui est en harmonie parfaite avec elle.

La comtesse de Barral a le profil d'une belle patricienne romaine et dans la figure l'expression d'une grande douceur qu'on ne rencontre pas souvent dans le Midi. Ses beaux yeux bruns sont le reflet de son âme et s'accordent à ravir avec ses magnifiques cheveux noirs. Sa bouche est charmante et respire la mansuétude et la bonté.

La comtesse de Barral a quelque chose de gracieux tout en restant passive ; elle n'a pas besoin de faire des efforts pour plaire.

7 février 1865.

Le Lieutenant Général
BARON DE RZIKOWSKI.

Le lieutenant général baron de Rzikowski a prouvé qu'il possède tout ce qu'il faut pour marquer dans la carrière militaire. Étant, avant tout, un excellent soldat, il sait aussi très-bien diriger les affaires administratives en se reposant sur d'autres pour les détails et en faisant par lui-même ce qui est important.

Il est encore versé dans bien des choses étrangères à sa carrière. Il s'intéresse à tout ce qui est beau et qui fait honneur à l'intelligence humaine, et a le goût des belles-lettres et des beaux-arts. Tout cela et le don de bien raconter lui donnent beaucoup d'agrément dans la conversation. Il n'est blasé sur rien; tout lui fait plaisir, grâce à une rare jeunesse d'esprit et de cœur.

Le baron de Rzikowski possède non-seulement ce qu'il faut pour plaire dans le monde, mais encore tout ce qui fait gagner de vrais amis. Il a beaucoup de loyauté et un esprit chevaleresque, et il est très-capable de dévouement et de sacrifices tels que les inspire le vrai patriotisme.

Il est un de ces hommes qui ne peuvent que faire partout honneur à leur pays.

Tout en ayant beaucoup de fermeté, il sait très-bien s'accommoder aux personnes et aux circonstances. Il ne manquera pas d'inspirer de la confiance à tous ceux qui se trouvent en contact avec lui.

Quoique très-capable d'enthousiasme et de sympathie, il ne se passionne pas facilement, et son jugement est, en général, fort juste et exempt de partialité.

Le général de Rzikowski a un extérieur qui prévient en sa faveur et qui l'aide à payer de sa personne. Il a la taille haute et élégante, et sa figure, dont les traits ne sont pas saillants et ne manquent pas de régularité, a de l'expression, surtout par des yeux bruns très-parlants.

Sa tenue a cette noble simplicité qui distingue souvent les généraux autrichiens.

31 mai 1865.

LE COMTE
DE MÜNCH-BELLINGHAUSEN.

Le comte de Münch-Bellinghausen s'est acquis, comme ministre d'Autriche, président de la Diète germanique, une position qui le mettait à même de surmonter les difficultés qui devaient se produire dans une réunion formée par les représentants de gouvernements ayant les mêmes droits, mais différents sous le rapport de l'importance et des principes politiques. Il savait, ce qui est rare, avoir de l'autorité sans froisser personne. Il avait beaucoup de résolution, sachant toujours ce qu'il devait vouloir et aussi ce qu'il devait faire pour amener la réalisation de ses désirs. Se décidant promptement, il empêchait les autres de soulever des doutes qui, dans les cas où il faut agir, peuvent créer des obstacles.

Tous ceux qui ont eu à traiter des affaires avec le comte de Münch ont dû admirer la lucidité de son esprit, son énonciation si précise, ses connaissances profondes et sa grande expérience. La logique était pour lui un vrai besoin; il lui aurait été impossible de ne pas être logique.

Il possédait aussi le talent, si précieux pour un homme d'État, de trouver bien vite le nœud d'une affaire.

Il était pratique dans la bonne acception du mot. Il se bornait à tâcher d'obtenir ce que les circonstances permettaient. Il était pénétré de la nécessité d'agir d'après un principe et d'y adhérer, lors même qu'il en résultait des dommages. Il avait une grande connaissance des hommes et savait traiter chacun selon son caractère.

Quiconque s'est occupé de politique connaît la grande importance du succès. En politique on ne juge les hommes que d'après ce qu'ils ont obtenu ou réalisé. Le comte de Münch aimait aussi à fonder ses jugements sur cette base, et, ainsi qu'à beaucoup d'autres diplomates, il lui répugnait de confier des affaires importantes à des personnes ayant la main malheureuse.

Le comte de Münch connaissait la valeur de la richesse et savait que le succès tient souvent à l'usage qu'on en fait.

Il avait toujours le sentiment de ce qu'exige la dignité.

Comme ministre plénipotentiaire, le comte de Münch devait agir conformément à ses instructions, mais il avait de l'initiative et une énergie accompagnée de prudence.

L'extérieur du comte de Münch répondait au fond de son caractère. Ses traits étaient marqués au coin de l'intelligence et de la fermeté. Son regard était pénétrant; un sourire bienveillant tempérait l'expression souvent sérieuse de son visage. Sa taille était imposante.

Le comte de Münch personnifiait un système et une époque, et il en avait tellement le sentiment qu'un autre système ayant prévalu, il voulut rester dans la retraite, bien qu'il eût pu occuper des postes très-importants.

La raison prédominait chez lui en tout, mais il avait du cœur et était capable d'une vraie amitié. Il était bienveillant, mais sa bienveillance était contrôlée par le sentiment de la justice.

Août 1856.

LA BARONNE DE B***.

La baronne de B*** a une tendance naturelle à être réservée. Elle ne se départ de sa réserve que vis-à-vis de ceux qu'elle connaît bien. Elle a toujours le vif désir de bien faire et est extrêmement consciencieuse en tout. C'est pour cela qu'elle se résout difficilement à prendre l'initiative. Parfois elle est même un peu timide.

La baronne de B*** est toute à ses devoirs et les remplit avec une énergie extraordinaire qu'elle puise dans son cœur très-riche, lequel est guidé par une sûre intelligence.

Tout en ayant beaucoup de calme, la baronne de B*** peut s'agiter lorsqu'elle a un devoir à remplir et que des difficultés s'y opposent. La profondeur de ses sentiments est si grande qu'ils ne parviennent pas toujours à se manifester.

Madame de B*** ne vit que pour son mari et ses enfants, et pourrait servir de modèle à toutes les mères et à toutes les femmes. Elle s'assimile à son mari, entre dans ses vues et partage ses goûts, tout en conservant sa personnalité.

Elle fait les plus grands efforts et ne re-

cule devant aucun sacrifice pour bien élever ses enfants. Elle est vis-à-vis d'eux
d'une rare fermeté et d'une sévérité bienveillante. Elle les juge avec une grande impartialité.

Elle rappelle la femme forte de l'Évangile.

Tout ce qui est bon, vrai et beau parle à
son âme. La belle nature a beaucoup de
charme pour elle, et les bons livres font ses
délices.

Elle est exempte d'amour-propre et n'a
aucun désir de briller.

Elle aime parfois à garder le silence,
mais elle sait prendre la parole lorsqu'il le
faut.

La baronne de B*** a une physionomie
très-agréable qui annonce du caractère, et
à laquelle de beaux yeux bruns donnent
beaucoup d'expression. Il n'y a rien de

saillant dans ses traits ; une douce harmonie y prédomine.

La taille de la baronne de B*** est belle et au-dessus de la moyenne. Ses mouvements sont naturels et harmonieux.

10 janvier 1869.

LA COMTESSE
CAROLINE SZÉCHÉNYI.

Il y a dans le regard de la comtesse Széchényi une force de volonté intelligente qui plaît à ceux qui aiment l'énergie.

La comtesse Széchényi fait ce qu'elle s'est proposé après avoir bien réfléchi. Elle veut être guidée par la raison et ne pas s'arrêter à mi-chemin. Les difficultés ne la déconcertent pas. Elle a le désir d'être dans le vrai, et elle cherche à se procurer les lumières nécessaires pour y arriver. Elle aime à s'instruire et à se perfectionner. La lecture de bons livres est un besoin pour elle. Après avoir été dans le monde, elle se repose en s'occupant de choses intellectuelles.

Elle s'est consacrée à l'éducation de ses enfants : sa fermeté et son intelligence ont facilité sa tâche. Le plus grand mérite d'une mère, c'est d'avoir bien élevé ses enfants ; on est unanime à reconnaître ce mérite à la comtesse Széchényi.

Pour bien élever ses enfants, il faut les juger avec impartialité et ne pas avoir d'illusions sur leur compte. La comtesse Széchényi a le talent de bien juger les personnes ; elle observe très-bien. Elle est aussi noblement franche et ne déguise pas sa pensée. Tout en ayant de profonds sentiments religieux, elle ne peut pas s'empêcher de montrer le dédain qu'elle éprouve pour ceux qui n'ont aucun droit à son estime.

Elle a un esprit très-clair, et sa conversation a du charme par la netteté de ses idées et par la facilité de son élocution. Son style est très-concis.

La comtesse Széchényi peut se passionner, tout en ayant beaucoup d'empire sur elle-même.

Elle est capable d'une véritable amitié. Chez elle il n'y a rien de banal, et elle est un peu inclinée à être exclusive.

Elle a beaucoup d'élégance dans ses mouvements. Dans l'expression de sa physionomie il y a beaucoup d'intelligence et d'énergie mêlée à quelque chose de piquant. Ses yeux sont grands et bruns; son regard est très-parlant et a parfois une certaine fierté.

Sa figure est régulière et jolie, et rehaussée encore par de beaux cheveux noirs ; sa taille, au-dessus de la moyenne, est charmante.

La comtesse Széchényi a beaucoup de distinction naturelle ; elle ne passera nulle part inaperçue.

7 août 1875.

Madame
DE KOUDRIAFFSKY-LABENSKY.

Madame de Koudriaffsky a un grand cœur, et ce cœur, nourri par une foi vive, ne cesse de grandir. Elle le cache parfois : aussi, chez elle, l'esprit se manifeste-t-il, de prime abord, plus que le cœur. Il faut la bien connaitre pour la bien juger.

10.

Elle est capable d'une extrême tendresse, tendresse qui ne l'empêche pas toutefois d'être clairvoyante et qui ne dégénère jamais en faiblesse. C'est pour cela qu'elle est excellente mère.

Son esprit alimente son cœur, et son cœur, son esprit. Dans la conversation, ce dernier tend parfois à prendre le dessus, mais elle parvient à le mettre à sa place.

On reconnaît dans la manière de s'exprimer de madame de Koudriaffsky qu'elle a vécu dans un milieu où une grande finesse et le vrai bon goût dominaient. Elle a le talent de formuler ses idées de telle sorte qu'elles frappent et ne laissent rien à désirer sous le rapport de la netteté et de la clarté. Elle a des mots heureux, raconte à ravir et a, dans la conversation, l'animation que donne l'esprit.

Elle a une grande aisance, beaucoup

d'assurance et de naturel, et cela lui donne une vraie distinction.

Elle parvient à s'élever si haut sur les ailes de la foi qu'elle plane au-dessus de bien des choses et supporte avec une admirable résignation et une grande patience de cruelles souffrances. Ses profonds sentiments religieux se manifestent aussi par des œuvres de charité.

Madame de Koudriaffsky aime à s'attacher; dans son cœur tendre et affectueux pour les siens une large place est réservée à l'amitié, et comme amie elle est pleine de dévouement.

Le proverbe : « Les yeux sont le miroir de l'âme », paraît fait pour madame de Koudriaffsky : ses regards reflètent la bonté de son cœur et son intelligence, et donnent beaucoup d'expression et de caractère à sa physionomie. Ses cheveux sont châtain clair.

Madame de Koudriaffsky est de taille moyenne et bien proportionnée.

27 novembre 1869.

LA MARQUISE DE PENAFIEL

La marquise de Penafiel a ce qu'il y a de plus précieux au monde et ce qui fait le plus honneur à la nature humaine : elle a beaucoup de cœur.

Elle ne peut se détacher de ceux qui lui sont devenus chers. La continuité dans ses affections est pour elle un besoin.

Elle cherche à être agréable et aimable, mais n'en devient pas banale. Il y a, au contraire, des nuances très-accentuées dans son affabilité.

La marquise de Penafiel est très-sociable. On lui a fait détester la solitude en la tenant trop isolée dans sa jeunesse. Elle aime le monde, non par frivolité, mais par besoin d'épanchement. Elle s'intéresse tout naturellement à ceux qui l'entourent, et leurs chagrins deviennent les siens. Elle est très-capable d'une amitié vraie.

Elle est observatrice, et son esprit d'observation naturel a encore été perfectionné par de fréquents voyages.

Elle est douée d'une force d'âme qui lui permet de se mettre au-dessus de bien des choses difficiles à supporter. Elle a de profonds sentiments religieux et est très-charitable.

Tous ceux qui la servent paraissent heureux de la servir.

Son jugement sur les personnes est juste. Elle cause très-bien et sait bien écouter.

Elle a le goût de la musique et aime à jouer du piano.

La marquise de Penafiel a une grande
distinction naturelle dans les manières, et
de la grâce dans ses mouvements. Malgré
la position élevée qu'elle occupe dans son
pays, elle n'a pas l'ombre de fierté ni de
présomption, et ne fait sentir à personne les
avantages que lui donnent sa naissance et
sa distinction naturelle. Elle est l'affabilité
même. Elle fait si bien les honneurs de
chez elle que tout le monde y est à son
aise.

Elle a la mémoire du cœur et est pleine
de reconnaissance pour ceux qui ont été
bons et aimables envers elle.

Elle est très-indulgente pour ses amis;
mais, tout en étant généreuse de sa nature, elle a bonne mémoire lorsqu'on l'a
blessée.

Il y a chez la marquise de Penafiel une
grande harmonie en tout. Ses traits fins et

délicats s'accordent à merveille avec sa taille mignonne, et ses yeux bleus sont pleins de douceur et d'expression. Son caractère se décèle dans son regard. Son teint d'une pâleur agréable est en parfait accord avec ses beaux cheveux bruns.

23 mai 1872.

LA VICOMTESSE DE ROBOREDO.

La vicomtesse de Roboredo est toujours d'une amabilité parfaite. Elle supporte admirablement les souffrances, grâce à de profonds sentiments religieux, à une vraie force d'âme et à un grand empire sur elle-même.

Son visage s'illumine lorsqu'elle parle. Elle est très-expansive sans, pour cela,

manquer de prudence, et, chez elle, la causerie ne dégénère jamais en commérage.

La vicomtesse de Roboredo a l'habitude
d'introduire dans la conversation beaucoup
de parenthèses. Ces parenthèses souvent
finissent par s'accumuler, mais les petites
choses et les détails sont parfois ce qu'il y a
de plus caractéristique.

Elle a un si grand besoin d'épanchement
qu'il lui arrivera d'engager encore une conversation lorsque, déjà debout, on est sur
le point de la quitter. Elle sait trouver des
sujets de conversation pour tout le monde.
Les salons seraient plus animés si elle pouvait se multiplier.

Tout en étant très-sociable et quoique
aimant beaucoup à causer, elle sait se suffire à elle-même. Elle a un goût si vif pour
la musique et pour les lettres qu'elle supporte très-bien la solitude.

Madame de Roboredo est toute à ses devoirs et remplit admirablement ceux que lui impose le titre de mère. Étant veuve, elle est seule à travailler au bonheur de ses enfants, et leur bonheur est ce qui lui tient le plus à cœur.

L'amitié est un besoin pour elle ; elle serait bien malheureuse si elle n'était pas à la portée de ses amis.

Elle réussit à avoir des attentions et des égards aussi fins que délicats qui proviennent autant de l'esprit que du cœur. Elle ne manque pas d'initiative surtout lorsqu'il s'agit de faire du bien et d'être aimable.

La vicomtesse de Roboredo a l'esprit observateur ; son jugement sur les personnes est très-juste.

Elle a aussi une admirable égalité d'humeur qui résiste aux souffrances et aux contrariétés. Elle sait très-bien que la vraie élévation d'âme est due, en grande partie, aux souffrances, quand on a assez de force pour ne pas se laisser démoraliser par elles.

La vie lui est facile, parce qu'elle sait surmonter avec courage et énergie les difficultés qui se présentent. Un grand usage du monde et un sens pratique très-développé l'y aident puissamment.

Elle a une nature cosmopolite ; elle sait si bien entrer dans l'esprit et le caractère de chacun qu'elle est partout comme chez elle.

Sa patrie est là où elle trouve des personnes sympathiques, et elle en rencontre au Nord comme au Midi. Elle sait partout jouir de ce qui est bon, beau et spirituel.

La vicomtesse de Roboredo est de haute taille ; il y a dans ses manières une grande aisance. Ses traits sont réguliers et capables d'une grande expression. Elle a un sourire plein d'intelligence et des regards parlants. Ses cheveux blond cendré sont en harmonie avec son teint pâle.

3 juin 1872.

LA MARQUISE DE FRONTEIRA

La marquise de Fronteira est si sensible qu'elle peut être facilement froissée, tout en étant une vraie grande dame et possédant l'élévation de caractère que donnent des sentiments religieux profondément enracinés. Elle s'attache à ceux qui l'entourent et a beaucoup d'affection pour eux : elle est même si affectueuse qu'elle en devient quelquefois jalouse.

Elle a beaucoup de cœur et est très-capable d'une vraie amitié ; elle a aussi cette intelligence fine accompagnée d'un grand esprit d'observation, qui fait que les Méridionaux, sans beaucoup réfléchir, jugent bien des personnes et des choses.

La marquise de Fronteira a dans la conversation beaucoup d'agrément et toutes les ressources que donnent une éducation soignée et des connaissances acquises par des voyages faits dans des circonstances très-favorables. Par sa naissance et les relations élevées de sa famille, elle s'est trouvée partout en rapport avec les personnes les plus distinguées. Elle parle le français en perfection et sait plusieurs autres langues.

Il serait difficile de faire mieux les honneurs de chez soi que la marquise de Fronteira. Elle ne s'occupe ni trop ni trop peu de ceux qui se trouvent réunis chez elle ;

elle sait toujours intervenir à temps. Aussitôt qu'une personne est tant soit peu isolée, elle survient pour causer avec elle. Elle s'arrache même à une conversation intéressante pour s'occuper de ceux qui sont délaissés. Il y a, de nos jours, peu de maîtresses de maison qui soient aussi charitables, aussi aimables et aient autant d'empire sur elles-mêmes.

La marquise de Fronteira est trop sensible pour ne pas être, parfois, mélancolique. Elle a un vrai patriotisme et beaucoup de dignité.

Elle a aussi une grande distinction naturelle dans le maintien, et toute l'aisance que donne l'usage du monde et qui parvient à mettre à l'aise même les personnes les plus timides. Elle est loin d'être banale; elle sait être froide et sévère lorsqu'il le faut. Elle remplit consciencieusement tous

ses devoirs. Elle a beaucoup de caractère,
bien plus que n'en ont, en général, les
femmes à qui une certaine mobilité, tenant
à leur sensibilité, est permise.

La marquise de Fronteira est d'une taille
au-dessus de la moyenne et n'a aucune tendance à l'embonpoint. Ses traits réguliers
n'ont rien de saillant. Son teint légèrement
basané s'accorde à merveille avec ses cheveux noirs et ses beaux yeux bruns dont
les regards, pleins de noblesse, d'intelligence
et de loyauté, sont tantôt un peu sévères,
tantôt très-doux. Ce qui donne aussi beaucoup d'expression à la physionomie de la
marquise de Fronteira, c'est la mobilité des
coins de sa bouche et un sourire qui fait
briller ses yeux et inonde de lumière toute
sa figure.

Le 4 août 1875.

Mademoiselle

MATHILDE DE CORREA SEISAL.

Il faut avoir beaucoup de cœur pour être capable d'un amour maternel sans être mère. Mademoiselle Mathilde de Seisal a donné à ses sœurs et à son frère tous les soins que la mère la plus tendre eût pu leur prodiguer ; elle a dirigé leur éducation d'une façon admirable, grâce à une rare intelligence et à une grande fermeté jointe à une douceur affectueuse.

Mademoiselle de Seisal a tant d'esprit qu'on serait tenté de la croire moins capable d'une grande tendresse ; mais le cœur ne lui fait jamais défaut, et, bien que l'esprit prédomine parfois chez elle, le cœur finit toujours par prendre le dessus.

Elle a l'esprit si clair, si prompt, qu'elle

parvient à tout observer et qu'elle est naturellement portée à tout éclaircir et à tout
définir. Elle cherche à être en tout dans le
vrai. Son esprit n'admet pas le voile des
faux ménagements.

Mademoiselle de Seisal est, de sa nature,
assez expansive; elle aime à communiquer
ses observations, qui, d'ailleurs, sont toujours très-justes. Elle a un grand charme
dans la conversation; elle y fournit beaucoup non-seulement par son esprit, mais
encore par sa profonde connaissance des
personnes et des choses.

Fille d'un diplomate très-distingué, qui a
eu partout une excellente position, elle a
tout l'acquis que peut donner la vie diplomatique. Elle a non-seulement l'usage du
monde, mais aussi tout ce qu'il faut pour
être bien à la cour. Elle sait mêler la déférence respectueuse qui est due aux souve

rains à l'assurance nécessaire pour n'avoir
jamais l'air embarrassé vis-à-vis d'eux et
pour leur bien répondre. Elle sait dire des
choses agréables sans flatter. Elle parle et
écrit très-bien.

Mademoiselle de Seisal est du nombre
de ces rares personnes qui animent un salon et lui donnent de l'attrait.

Il y a beaucoup de suite dans sa conduite et dans sa conversation. De profonds sentiments religieux la guident en
tout.

Elle a trop de vivacité dans l'esprit et trop
de chaleur dans le cœur pour pouvoir rester neutre. Elle pourrait même se passionner. Il lui en coûterait beaucoup, parfois,
de ne pas se prononcer et de ne pouvoir
blâmer hautement ce qui est mauvais. Elle
est très-disposée à s'enthousiasmer pour ce
qui est bon et beau.

L'esprit ne lui suffit pourtant pas, elle a aussi besoin d'affection et d'attachement.

Il lui est tout naturel de s'intéresser vivement à ceux qui l'entourent.

Mademoiselle de Seisal est du petit nombre de ceux qui n'oublieront jamais le passé et dont la vie est dominée tout entière par un pieux souvenir.

Comme presque toutes les personnes d'un grand mérite, elle est modeste. Elle saisira toujours l'occasion d'être utile et de faire du bien.

Ses traits ne sont pas accentués, mais ils sont susceptibles d'une très-grande expression, et s'illuminent parfois sous le reflet des mouvements de son âme. Mademoiselle Mathilde de Seisal a des yeux parlants dont les regards peuvent être très-sympathiques. Elle a dans son maintien et dans tous ses mouvements une grande

aisance qui n'est donnée qu'à peu de personnes.

9 février 1875.

~~~~~~~~~~~~~~~

LA DUCHESSE DE PALMELLA.

La duchesse de Palmella a autant d'intelligence que de cœur, autant de dons naturels que d'acquis. Elle a beaucoup d'imagination. Elle a l'âme artistique ; elle est,
comme les artistes, fort impressionnable, et
son humeur dépend des impressions qu'elle
reçoit et des fluctuations qu'elles produisent.

Dans son jeune âge, malgré sa tendance
naturelle vers l'idéal, elle fut, à la suite
de la mort de sa mère qu'elle adorait
et dont le souvenir l'a soutenue dans bien
~~~~~~~~~~~~~~~

des difficultés, impérieusement forcée d'entrer dans la vie réelle et de s'occuper sérieusement de l'administration de sa fortune. Elle a été ainsi obligée de prendre souvent d'elle-même des décisions dans des affaires importantes, ce qui a contribué à lui donner une certaine indépendance de caractère. Elle sait toutefois prendre sur elle lorsqu'il le faut, et, malgré sa vivacité naturelle, elle a acquis assez d'empire sur elle-même pour pouvoir résister même à un mouvement d'impatience. Elle a une rare énergie pour une femme et met toute son âme dans ce qu'elle entreprend. Elle sait supporter admirablement de grandes souffrances physiques lorsqu'elle croit avoir des devoirs à remplir.

La duchesse de Palmella a une grande sensibilité ; un mot peu délicat, un geste, un regard suffisent pour l'indisposer contre quelqu'un. Elle est aussi capable d'une profonde sympathie que d'une forte antipathie. Elle est trop impressionnable pour rester indifférente quand d'autres le sont.

Si ceux qui se trouvent dans une position très-modeste font de tristes expériences, celles-ci ne sont pas épargnées non plus à ceux que le sort a favorisés et qui par leur rang élevé et leur grande fortune peuvent faire beaucoup de bien. Ils ne tardent pas à apprendre jusqu'où peuvent aller l'indélicatesse et l'indiscrétion, et à connaître aussi toute la bassesse dont sont capables ceux qui ne reculent pas devant la flatterie pour faire leur chemin.

De sa nature, la duchesse de Palmella serait portée à la bienveillance et à la confiance, mais les tristes expériences qu'elle a faites ont nécessairement dû influer sur son jugement et sur ses dispositions naturelles. Elle a parfois l'air d'être méfiante : elle est toutefois capable d'accorder une entière confiance aux personnes qu'elle en croit dignes.

Elle a un grand besoin d'abandon et d'épanchement; c'est ce qui fait qu'elle aime l'intimité et qu'elle a une tendance à éviter, autant que possible, toute relation banale. Elle sait goûter le charme de l'intimité d'une vraie amitié, et lors même qu'elle est dans le monde, elle ne peut résister aux attraits d'une longue causerie intime. Ses amis peuvent toujours compter sur elle, leurs souffrances sont les siennes. On peut dire qu'elle a le culte de l'amitié.

Elle est franche, loyale et toujours vraie en tout. Elle est capable d'une profonde affection et d'un très-grand attachement. Elle aime tendrement son mari et sa fille. Sa tendresse maternelle est si intelligente,

si bienfaisante, si touchante qu'elle fait
penser à ce mot de Bersot : « Il y a bien des
« merveilles dans l'univers, mais le chef-
« d'œuvre de la création est encore le cœur
« d'une mère. »

La duchesse de Palmella n'aime pas que
les personnes qui lui sont indifférentes se
rapprochent beaucoup d'elle; on perd dans
son esprit par tout rapprochement qui n'est
pas bien motivé. Aussi fait-on bien de ne
lui parler que lorsqu'elle est disposée à
causer. On ne peut rien forcer chez elle.
Elle ne veut pas subir la contrainte que
s'imposent beaucoup de personnes pour
avoir l'air d'être aimables.

Elle n'a pas d'orgueil, mais elle est fière
de sa nature et par son goût pour une grande
indépendance : avec cela, elle est d'une
modestie touchante lorsqu'en rendant justice à ses qualités et à ses talents, on l'oblige

à parler d'elle-même. Elle ne serait guère
capable de se subordonner à qui que ce
fût. Elle a pour ceux qui sont dans une position modeste ou inférieure tous les égards
qu'inspirent une grande délicatesse de sentiments et une vraie noblesse de caractère ;
elle se mettra avec eux sur un pied d'égalité qu'elle n'admet pas avec les personnes
qui s'arrogent le droit de s'y placer.

La duchesse de Palmella a de profonds
sentiments religieux et toute l'élévation
d'âme qu'ils donnent. Avec cela elle est
beaucoup plus charitable qu'indulgente et
plus indulgente dans les grandes choses
que dans les petites. Elle a aussi la compassion dont sont seules capables les personnes
qui ont éprouvé de profondes douleurs.
Elle saisit avec empressement toute occasion de faire du bien et le fait avec la plus
grande délicatesse. Elle a la mémoire du

cœur et tient toujours beaucoup à témoi-
gner sa reconnaissance. Elle a un profond
patriotisme, et elle est capable d'un vrai,
enthousiasme.

Tout ce qui est beau, vrai et bon parle à
son âme; elle a le sentiment des beaux-
arts : elle a un véritable talent comme
sculpteur et est bonne musicienne. Elle est
aussi fort instruite et parle parfaitement
plusieurs langues. Son goût exquis se révèle
en toutes choses, et surtout aussi dans sa
façon de s'habiller.

On ne saurait mieux faire les honneurs
de chez soi que la duchesse de Palmella;
en vraie maîtresse de maison elle comprend
qu'il ne faut négliger aucun détail.

Sa physionomie est frappante; elle est
pleine d'expression et a parfois quelque
chose d'inspiré. Les regards de ses beaux
yeux couleur de mer expriment tous les

mouvements de son âme et reflètent tous les nuages qui la traversent. Son sourire est très-expressif, et sa voix, sympathique et riche en inflexions justes et délicates, concourt admirablement à la manifestation de ses sentiments. Qui l'observe bien pourra dire quelles sont ses dispositions pour ceux à qui elle parle. Ses traits sont réguliers; son teint pâle s'accorde à merveille avec ses cheveux blond cendré. Sa taille est plus que moyenne et belle. Dans ses mouvements il y a beaucoup d'élégance, d'assurance et une énergie qui forme un heureux contraste avec un certain laisser-aller qu'elle a parfois et qui lui sied très-bien. Elle est une vraie grande dame. Il y a chez elle, en tout, une rare distinction naturelle; il ne dépend que d'elle d'avoir beaucoup de charme.

6 mai 1878.

LE COMTE DE PROKESCH-OSTEN.

Le comte Antoine de Prokesch-Osten, général d'artillerie et ancien ambassadeur, est décédé à Vienne le 25 octobre 1876, âgé de quatre-vingt-un ans.

Entré au service militaire en 1813, comme officier, il prit part aux campagnes de 1813, 1814 et 1815. Il devint ensuite aide de camp du maréchal prince de Schwarzenberg, en 1818. Ayant été fait major, il remplissait les fonctions de chef d'état-major lors de l'expédition qui eut lieu sous le commandement du comte Dandolo contre les pirates qui infestaient la Méditerranée. Après avoir rempli plusieurs missions en Orient, il entra, en 1832, dans la carrière diplomatique et fut attaché à l'ambassade d'Autriche à Rome.

En 1833, il fut envoyé en Égypte pour ménager un arrangement entre le sultan Mahmoud II et le vice-roi Mehemed-Ali. A l'avénement du roi Othon au trône de Grèce, M. de Prokesch-Osten fut nommé ministre à Athènes. Il resta à ce poste jusqu'en 1849, époque à laquelle il fut envoyé, en la même qualité, à Berlin. En 1853, il fut nommé à Francfort ministre d'Autriche, président de la diète germanique, et, en 1855, internonce à Constantinople. C'est là qu'après avoir été élevé, en 1867, au rang d'ambassadeur, il termina, en 1871, sa carrière diplomatique, dans laquelle il avait rendu de grands services à son pays.

Le comte de Prokesch-Osten réunissait les dons de la nature les plus opposés. Il était, à la fois, mathématicien et poëte; il comprenait aussi bien la théorie que la pratique. Son goût éclairé pour les arts était très-connu. A un âge avancé il avait conservé l'enthousiasme de la jeunesse. Personne n'avait plus que lui le goût du travail.

Il avait une grande prédilection pour l'Orient, qu'il considérait comme une source de lumières intellectuelles.

Quoique né en Styrie, il avait dans son extérieur et surtout dans sa figure, à laquelle des yeux foncés pleins d'animation donnaient beaucoup d'expression, quelque chose qui paraissait annoncer une prédestination pour l'Orient. Il est parvenu à connaître à fond ces contrées.

Le savant et le militaire prenaient parfois chez lui le dessus sur le diplomate; mais lorsqu'il fallait agir, il déployait toutes les qualités essentielles à un diplomate, et le sentiment du devoir dominait alors sur

tout. Il joignait à une grande circonspection une rare énergie soutenue par un grand
courage.

Dans les moments critiques, le comte de
Prokesch ne manquait pas de calme; le
mérite en était d'autant plus grand pour lui
qu'il était irritable de sa nature et avait
une certaine véhémence dans le caractère.

En politique, il avait le coup d'œil très-
juste. Beaucoup de ses prévisions ont été
justifiées par les événements. Il était sans
illusions; ceux qui aiment à prendre leurs
désirs pour la réalité l'accusaient souvent
de pessimisme.

Le comte de Prokesch-Osten avait le talent de formuler ses pensées de telle sorte
qu'elles frappaient. Il y avait beaucoup de
vigueur dans son style comme dans son caractère. Il écrivait avec une grande facilité.
Ses descriptions de voyage, et d'autres

livres publiés par lui, ont été fort appréciés tant pour le fond que pour la forme.

La science et l'expérience fournissaient également à sa conversation. Comme beaucoup de personnes, il aimait plutôt à parler qu'à écouter, et cherchait à agir sur ceux à qui il parlait. Il avait, du reste, tant de choses intéressantes à dire qu'on l'écoutait avec plaisir.

M. de Prokesch-Osten aimait à envisager toutes les questions d'un point de vue élevé. Tout ce qui était bas, petit et mesquin lui répugnait. Il avait une large manière de voir qui pouvait choquer les esprits étroits. Il avait toujours le désir d'être dans le vrai, il sentait le besoin d'aller au fond des choses.

Il était bienveillant de sa nature, et il connaissait trop bien les défaillances du cœur humain et avait trop de noblesse de caractère pour ne pas être au-dessus de tout sentiment de vengeance ou de rancune. Il n'avait que de l'indignation et du mépris pour ce qui, chez d'autres, aurait excité la haine.

Il aimait tendrement les siens, et était très-capable d'amitié et de reconnaissance. Il avait le culte du souvenir.

Les sentiments élevés que donnent la religion, le vrai patriotisme et le goût du beau et de l'idéal ne lui faisaient jamais défaut.

Heureusement doué, le comte de Prokesch-Osten a été favorisé par les circonstances. Tout a concouru à développer les dons que la nature lui avait accordés. Après avoir, dans sa jeunesse, pris part aux grands événements militaires, il s'est trouvé en relation avec des hommes d'État, des savants célèbres. Des voyages entre-

pris dans des conditions très-favorables
ont élargi, de bonne heure, son horizon. Il
a su, comme peu d'hommes, profiter de
toutes les circonstances heureuses pour développer les ressources de son esprit.

Ceux à qui il a été donné de le voir de
près lui sont restés respectueusement dévoués; mais il suffisait de le rencontrer
pour deviner sa supériorité.

5 novembre 1876.

LE COMTE JEAN DE WILCZEK.

Le comte de Wilczek est un de ces
hommes qui font partout honneur à leur
pays. Il a prouvé qu'il aime ardemment sa
patrie. Lorsque, en 1866, elle fut attaquée
de deux côtés à la fois, il quitta sa famille

pour aller la défendre. Il aurait pu être immédiatement nommé officier, il préféra entrer comme simple soldat dans un régiment de chasseurs, disant qu'il ne saurait pas bien commander, mais qu'il savait bien manier un fusil. Il se distingua tellement par son sang-froid et sa bravoure qu'il fut décoré de la médaille d'or.

Quelques années après, son patriotisme se manifestait d'une autre manière. Il fut le promoteur d'une expédition au pôle nord, expédition à laquelle il consacra des sommes très-considérables, et y prit une part aussi active que les circonstances le lui permirent. Elle aboutit à la découverte d'une nouvelle terre.

Toute entreprise patriotique peut compter sur son concours dévoué. Il est devenu, par sa noble conduite, très-populaire en Autriche sans avoir jamais visé à la popularité. On peut dire qu'il est sympathique à tout le monde, et la sympathie qu'il inspire est due autant à son charmant naturel qu'aux bons enseignements qu'il a puisés dans sa famille.

Dans les choses importantes il écoute toujours son cœur ; il l'a écouté aussi en se mariant, et il en a été bien récompensé.

Tout ce qui est bon et beau parle à son âme ; il est aussi sensible aux beautés des arts qu'à celles de la nature.

Doué de beaucoup de bon sens, il aime ce qui est naturel : l'exagération, en politique comme en toute autre chose, lui répugne. Il sait conserver un calme précieux lorsqu'on se passionne autour de lui.

Il joint au courage physique le courage moral. Il n'hésite pas à dire des vérités au risque de déplaire. Le péril a du charme pour lui.

Il est fort et agile ; c'est à cette agilité qu'il doit d'être parvenu, d'une façon qui tient du prodige, à ne pas être fait prisonnier par quatre soldats ennemis qui le serraient de près.

Le comte de Wilczek aime à s'abandonner au courant de la vie, et il a besoin de mouvement.

Il est passionné pour la chasse.

Il a parfois un grand abandon et même une certaine nonchalance qui ne déplaît pas, et sa franchise, sa loyauté provoquent les confidences.

On peut dire de lui qu'il n'est jamais embarrassé. Il a une grande aisance et une véritable distinction dans les manières. Il parut une fois à la cour de Portugal. On y dit aussitôt : « C'est un vrai grand seigneur. » Si on le connaissait mieux, on ajouterait certainement : « Et un parfait gentleman. »

Le comte de Wilczek est de haute taille et très-bien proportionné. Il a un port noble et digne, et une prestance agréable. Ses traits sont fins et réguliers, ses cheveux sont blond cendré. Il a des yeux pleins d'expression et un sourire intelligent et sympathique.

1880.

LE BARON DE HAYMERLE.

Il est des hommes bien doués qui prennent fort à cœur le précepte de l'Évangile qui défend d'enfouir ses talents. Ils font tout ce qu'ils peuvent pour se rendre capables de bien agir ; ils ne cessent d'apprendre, de s'informer, et ils ne reculent devant aucun travail, aucune fatigue.

Le baron de Haymerle est admirablement doué et fait tout son possible pour développer encore ses nombreuses facultés. Il a tant d'intelligence, de capacité et d'énergie qu'il est bien autorisé à se considérer comme appelé à agir. Il doit parfois lui en coûter de résister à l'entraînement d'agir; il sait, toutefois, temporiser lorsqu'il le faut. Il a cette facilité de décision qui ne doit pas faire défaut aux hommes d'action.

Non-seulement le travail ne coûte rien au baron de Haymerle, c'est encore un vrai besoin pour lui, et il parvient à faire plus en quelques heures que d'autres dans une journée. Il ne saurait se donner du repos avant d'avoir rempli tous ses devoirs.

Il a toujours assez de confiance en lui-même, et ne se rangera à l'avis des autres que lorsqu'il en aura reconnu la nécessité.

Il a beaucoup de tact, une grande clarté

dans les idées, une énonciation aisée et un esprit d'observation très-fin. Il dispose aussi de tout ce que peuvent fournir une vaste expérience et une profonde connaissance des hommes et des choses. Il sait rencontrer le juste milieu entre l'optimisme et le pessimisme. Il y voit trop clair pour avoir des illusions.

Il est difficile pour les hommes d'action de s'élever au-dessus du monde et de planer dans les régions de l'idéal; le baron de Haymerle parvient toutefois à s'y élever.

Il a une vraie noblesse de sentiments et non-seulement beaucoup d'esprit, mais encore bon cœur. Il se distingue par un profond attachement pour son souverain, et par un patriotisme qui le rend capable de vrais élans. Il a les vertus de famille.

Un homme d'action ne peut parfois échapper à une certaine agitation, il ne saurait guère avoir le calme que donne la vie de cabinet, il a l'ambition de réussir et ne peut pas toujours avoir des égards pour tout le monde; le baron de Haymerle tâche d'en avoir assez.

En vrai diplomate, il sait entrer dans l'esprit de toutes les nations et se concilier les sympathies des personnes avec lesquelles il est en relation.

Il a l'avantage d'aimer son siècle, mais sait aussi se mettre à la place de ceux qui ont un grand attachement pour le passé. Il songe toujours à l'avenir, et par là il pourra être très-utile comme ministre des affaires étrangères. Comme tel, il ne manquera pas non plus de se dire toujours : « La dignité avant tout ! »

Le baron de Haymerle ne peut parfois se défendre d'une certaine vivacité qui tient à son tempérament et à sa grande énergie;

mais, le cas échéant, il a assez d'empire sur lui-même pour arrêter cette vivacité.

Il a le goût du beau, et, en dehors de la politique, il s'intéresse à tout ce qui est digne d'attirer l'attention d'un homme éclairé.

Il est hospitalier et sait, quand il le faut, ne pas ménager l'argent.

Le baron de Haymerle est de taille moyenne; sa figure est marquée au coin de l'homme d'esprit. Il a des yeux bruns très-parlants et un sourire très-expressif. Sa grande énergie se manifeste dans ses mouvements.

Septembre 1880.

LA COMTESSE DE FICALHO.

On ne peut voir la comtesse de Ficalho sans admirer la beauté de sa figure, dont les traits, d'une régularité classique, sont finement arrondis et pleins d'expression.

Le désir de plaire est, jusqu'à un certain point, légitime chez les femmes, mais il va parfois un peu loin. La comtesse de Ficalho ne vise pas à plaire, et c'est là un mérite.

Elle a une réserve toute naturelle et une grande indépendance de caractère. Elle a une intelligence si fine et tant d'esprit d'observation qu'elle peut, en général, se fier à son jugement; elle n'adopte, d'ailleurs, les opinions des autres que quand elle les a reconnues justes. Elle a toujours le courage de son opinion. Elle a parfois un air scrutateur qui lui sied à merveille.

Tout ce qui est beau et vrai parle à son esprit, et elle est capable d'un grand enthousiasme, chose malheureusement bien rare dans notre siècle.

La comtesse de Ficalho a de profonds sentiments religieux; mais loin de les manifester toujours, elle les cache même parfois. La simplicité dans la manifestation des sentiments religieux lui plaît, et elle aime beaucoup cette pieuse naïveté qui devient si touchante chez les saints. Les œuvres de sainte Thérèse font ses délices : c'est tout dire. Il faut, en effet, avoir une grande élévation d'âme pour les apprécier comme elle le fait. Elle a même commencé à traduire en portugais un des livres de sa sainte de prédilection.

Elle aime aussi la littérature et les beaux-arts: elle est bonne musicienne et joue très-bien la comédie. On voit qu'elle a le sentiment des nuances : elle remplit surtout bien les rôles pour lesquels il faut avoir une certaine noblesse difficile à rencontrer.

La comtesse de Ficalho est toujours la même pour ceux à qui elle est dévouée; elle est l'amie de ses amies. Elle ne saurait être banale; chez elle, le cœur parle ou beaucoup ou pas du tout. Elle concentre plutôt qu'elle n'étend ses affections.

Elle a beaucoup d'agrément dans la conversation par une grande clarté dans les idées et une grande facilité d'énonciation. Ses paroles sont, il est vrai, admirablement secondées par ses regards. Parfois même ses regards soulignent ses paroles.

Ses beaux yeux bruns ajoutent encore au charme de sa figure.

La comtesse de Ficalho a aussi un charmant sourire. Elle a beaucoup de distinction dans ses mouvements et une agréable assurance qui semble indiquer beaucoup de fermeté. On peut être bien convaincu qu'elle n'en manque pas.

24 décembre 1882.

LA COMTESSE
ISABELLE DE RIO MAIOR.

Pour se convaincre que la force d'âme peut beaucoup sur le corps, on n'a qu'à regarder la comtesse Isabelle de Rio Maior.

Tout en ayant un corps frêle et une santé délicate, elle parvient à faire beaucoup pour le bien des autres et à résister à des fatigues que beaucoup de personnes d'une santé robuste ne sauraient supporter. La force de sa volonté ferme et intelligente l'emporte sur tout. Il y a chez la comtesse de Rio

Maior un équilibre parfait entre l'énergie et l'intelligence, et elle est devenue, pour beaucoup de personnes, une vraie autorité à laquelle on se soumet avec plaisir, ayant le sentiment qu'elle est dans le vrai. Elle a, au plus haut degré, l'esprit de conseil.

Tout en ayant une intelligence, une science et un coup d'œil qui pourraient suffire à un homme d'État, elle ne cesse jamais d'être femme. A des qualités éminentes est jointe, chez elle, la grâce, tenant plutôt au cœur qu'à l'esprit, qui constitue la vraie supériorité de la femme sur l'homme, et qui compte parmi ce qui contribue le plus à donner du charme à ce bas monde.

On éprouve une grande satisfaction morale et intellectuelle en causant avec la comtesse de Rio Maior. Elle s'énonce toujours avec une clarté et une précision admirables, et elle sait immédiatement trouver le point sail-

lant. Elle sait mêler à sa conversation une
ironie fine et aimable qui parfois tient lieu
de blâme et est pourtant charitable. Elle a
une mémoire très-sûre et fait le récit des
événements qui se sont passés de son temps
avec une fidélité digne d'un historien remarquable.

Sa charité ne permet pas à son esprit
d'être trop sévère, même lorsqu'il serait
tenté de l'être.

Les bons livres et les ouvrages sérieux
d'un vrai mérite font ses délices. Tout en
ayant beaucoup lu et médité, elle n'a rien
d'un bas-bleu. Elle consacre beaucoup de
temps à de bonnes œuvres, et, grâce à sa
surveillance, des établissements de bienfaisance ont prospéré au delà de toute attente.

« Faire sans dire » paraît être sa devise.

Il y a beaucoup de distinction, de finesse
et d'harmonie dans les traits de son visage.

De beaux yeux bruns lui donnent beaucoup d'expression. Sa taille est petite, et ses mouvements sont gracieux.

6 janvier 1883.

<center>~~~~~~~~~~</center>

La Comtesse

MARIE DE RIO MAIOR.

Il n'est donné qu'à des âmes d'élite d'être sympathiques à tout le monde. Je n'ai pas encore rencontré une personne qui ne soit pas bien disposée pour la comtesse Marie de Rio Maior.

Elle a une amabilité intelligente qui ne se dément jamais et qui doit lui gagner tous les cœurs. Elle sait entrer dans l'esprit de tout le monde sans déroger à son caractère. Tout en étant toujours la même, elle a une grande mobilité qui trahit son origine en partie française, et qui est très-agréable.

Elle dit et fait tout avec cette grâce qui provient de la bonté de cœur et d'une vraie intelligence.

Elle ne cesse de nourrir son esprit. La lecture est pour elle un vrai besoin, et elle a le talent de profiter de tout moment perdu pour se procurer de nouvelles lumières. Elle est infatigable. Son cœur la pousse encore plus à agir que son intelligence. Elle ne saurait ne pas saisir avec empressement l'occasion de faire du bien, et elle excelle aussi dans la manière de le faire. Elle dirige d'une façon admirable quelques établissements de bienfaisance et quelques écoles pour les enfants pauvres. Elle est une seconde Providence pour ceux qui l'entourent.

Elle peut inspirer une confiance illimitée.

Elle a un organe sympathique, et les inflexions de sa voix ajoutent à l'impression que peut produire ce qu'elle dit.

Elle a un talent tout particulier pour saisir partout ce qui est caractéristique, et sait mêler à sa conversation de petits faits intéressants.

Il n'y a point de malheur auquel la comtesse de Rio Maior ne compatisse. Elle aime ce qui est naturel; toute exagération est contraire à son caractère. Son patriotisme est éclairé, ce qui est assez rare de nos jours.

Elle aime tendrement son mari, qui l'adore.

Tout ce qui est bon, vrai et beau parle à son âme.

Son goût pour les choses sérieuses ne l'empêche pas d'aimer le monde.

Elle a de profonds sentiments religieux, et ils se manifestent toujours, chez elle, d'une manière agréable.

Elle joint une grande douceur à une rare énergie, et cette douceur s'exprime aussi dans sa figure, dont les traits sont harmonieux. Elle a de beaux yeux bruns. Son regard est sympathique. Elle est de taille moyenne et svelte.

6 janvier 1883.

LE COMTE FÉLIX DE WIMPFFEN.

Le comte Félix de Wimpffen, dont la fin tragique a douloureusement ému tous ceux qui l'ont connu, était un vrai diplomate; il a partout rendu des services réels à son souverain et à son pays. Il avait tout ce qu'il faut pour se concilier les sympathies et pour se faire des amis.

Il avait un grand bon sens, don si précieux pour un diplomate, beaucoup d'intelligence, un esprit d'observation très-fin, une habileté loyale, un tact exquis, une assurance exempte de présomption, un grand calme, une bienveillance naturelle, une vraie sérénité d'âme et de profonds sentiments religieux. Il ne manquait jamais d'énergie. Ses facultés étaient bien équilibrées.

M. de Wimpffen inspirait beaucoup de confiance.

A une vraie noblesse de sentiments se joignait, chez lui, une grande distinction dans les manières.

Un homme comme le comte de Wimpffen ne pouvait choisir qu'une femme digne de lui sous tous les rapports. Il avait les vertus de famille.

Il suivait toujours les bonnes traditions de la diplomatie. Il était, à la fois, souple et ferme, et toujours conciliant.

Tout en ayant la bonne grâce de l'abandon, il savait garder la réserve nécessaire à tout homme à qui des intérêts importants sont confiés.

Il traitait les affaires avec courage et circonspection, et savait laisser de côté les choses secondaires, pour obtenir la solution de la question principale. Sa manière de voir était toujours large.

Le comte de Wimpffen n'avait pas un trop grand besoin d'agir, et son activité n'avait rien de nerveux. Il savait attendre lorsqu'il le fallait, et laisser mûrir les choses. Il savait aussi rencontrer le juste milieu entre l'optimisme et le pessimisme. C'était un vrai patriote; mais son patriotisme n'avait rien d'étroit; il rendait toujours justice aux étrangers.

Il savait s'accommoder aux personnes et aux circonstances, et entrer dans l'esprit de

13.

chacun. En causant avec lui, on avait le sentiment bienfaisant d'être toujours compris. Il s'exprimait facilement et avait beaucoup d'agrément dans la conversation.

Il avait le don naturel de plaire sans se mettre en frais d'amabilité. Il devenait populaire par toute sa manière d'être, sans viser à la popularité.

Il avait le goût du beau, et ce goût a encore été développé chez lui par de longs séjours en Italie. Il s'intéressait à tout ce qui était digne d'intérêt.

Il avait, au plus haut degré, le sentiment des convenances, même dans les choses les plus secondaires. Il avait un sage esprit d'économie, mais il savait, quand il le fallait, ne pas ménager l'argent.

Le comte de Wimpffen était de moyenne taille. Sa figure était marquée au coin de la distinction, de l'intelligence et de la loyauté.

Il avait le front développé et beaucoup d'expression dans les yeux. Son sourire était à la fois fin et bienveillant.

M. de Wimpffen avait pendant plusieurs années servi dans l'armée, et il en avait conservé la distinction et les allures qui rendent les militaires sympathiques.

Dans les grades inférieurs de la carrière diplomatique il s'était acquis la bienveillance et la sympathie de ses chefs; devenu chef de mission, il était aimé de ceux qui se trouvaient placés sous ses ordres.

Il a, comme ministre plénipotentiaire et comme ambassadeur, su gagner la confiance des souverains auprès desquels il était accrédité. Il s'est trouvé dans des situations critiques, et il a heureusement surmonté bien des difficultés. Il a eu aussi des contrariétés à subir; mais il frappait toujours tout le monde par son grand calme.

Il a peut-être, pour le conserver toujours, dû prendre sur lui plus qu'on ne le supposait, en le jugeant d'après son sang-froid apparent, et a ébranlé par là son système nerveux. Les petites contrariétés irritent parfois plus que les grandes.

Pour tous ceux qui ont bien connu le comte de Wimpffen, il est évident que, vers sa fin, son moral n'était plus le même; mais ses amis le conserveront dans leur souvenir tel qu'il a été, tant que sa santé fort altérée n'a pas exercé une influence déterminante sur sa volonté. Une fin tragique rend les hommes encore plus chers à tous ceux qui ont du cœur.

Janvier 1883.

La Baronne
MARIE DE LEBZELTERN.

Il est des personnes distinguées qui produisent, de prime abord, une impression favorable, mais qui gagnent encore beaucoup à être bien connues. Il en est ainsi de mademoiselle de Lebzeltern.

Il y a en elle le reflet de deux nationalités, et elle a le bonheur de réunir ce qui les caractérise d'une manière avantageuse. Elle a beaucoup de jugement, d'intelligence et d'esprit d'observation, et son cœur la rend capable d'un profond attachement, d'un grand dévouement et d'une vraie amitié.

Toute jeune, elle est devenue orpheline, et ce sont les amis de ses parents, et d'autres personnes distinguées, auxquelles elle était sympathique, qui lui ont donné le plus de preuves d'affection.

Elle a eu le sort qu'ont souvent les enfants de diplomates ; elle est devenue presque étrangère à son pays. Mais elle a, heureusement, trouvé une seconde patrie dans un bon et beau pays, auquel elle doit autant de reconnaissance qu'à sa patrie. Aussi est-elle pénétrée de gratitude pour ce pays, et surtout pour ceux qui ont tâché de combler le vide que la mort de ses parents a produit dans son existence. C'est un bienfait du ciel que d'être mis à même d'éprouver une profonde reconnaissance.

Toute jeune, la baronne de Lebzeltern a dû se diriger elle-même, et grâce à ses dispositions naturelles, à ses profonds sentiments religieux et à l'éducation soignée qu'elle avait reçue, elle a su toujours prendre une très-bonne direction.

Ayant fait des pertes si cruelles, et ayant eu encore de grands soucis et de profonds chagrins, elle a passé par l'école de la douleur qui donne aux âmes d'élite une élévation qu'elles ne sauraient gagner dans une situation parfaitement heureuse. Elle a grandi dans cette école, où, heureusement, on ne cesse de grandir moralement.

Elle a toujours tâché de faire autant de bien que possible, ce qui est le meilleur baume pour les plaies que des pertes cruelles ont faites au cœur. Il faut dire que la baronne de Lebzeltern a déjà réussi à faire beaucoup de bien.

L'occupation est pour elle un besoin, et c'est l'occupation qui produit la meilleure diversion lorsqu'on a eu de profonds chagrins.

La baronne de Lebzeltern a heureusement beaucoup de ressources en elle-même.

Elle a le goût de la littérature et des beaux-
arts, et elle est très-bonne musicienne.
Elle possède entièrement plusieurs langues
étrangères. Son style brille par une correc-
tion et une facilité élégantes. En plusieurs
choses on voit, chez elle, quelle est la fille
d'un diplomate qui a eu le culte des bonnes
traditions de la diplomatie autrichienne,
dans laquelle, du reste, ont figuré avec distinction plusieurs membres de la famille
Lebzeltern-Collenbach.

La baronne de Lebzeltern aime beaucoup
la vie de campagne, ce qui prouve qu'elle
est loin d'être frivole. Tout en ayant des
goûts sérieux, elle sait, dans l'intimité, avoir
un aimable enjouement. Elle a beaucoup
de dignité naturelle dans son maintien et
une souplesse élégante dans ses mouvements. Bien qu'elle s'intéresse vivement à
ceux qui l'entourent, elle a parfois un air

d'indifférence que l'on rencontre souvent chez les dames russes très-distinguées. Ses traits sont harmonieux, et de beaux yeux bruns donnent beaucoup d'expression à sa figure. Elle a un sourire agréable. Elle est svelte et a une très-belle taille.

6 mars 1883.

LA BARONNE DE VILLANI.

La baronne de Villani a une énergie admirable lorsqu'il s'agit de faire du bien. Rien ne l'arrête alors. Elle fait le bien avec une grande intelligence et une vraie délicatesse.

Tout ce qui est beau et élevé a du charme pour elle, et elle ne recule devant aucune fatigue pour procurer à son âme les délices que cause ce qui est vraiment beau. Elle est capable de cet enthousiasme qui donne de l'élan à l'âme.

Elle a le bonheur de s'intéresser vivement à tout ce qui est digne d'intérêt. Elle a toutes les vertus de famille, le culte de l'amitié et un vrai patriotisme. Sa constante préoccupation des intérêts de son pays ferait honneur à beaucoup d'hommes. Elle est capable d'une grande abnégation vis-à-vis de tous ceux à qui elle est dévouée.

Son jugement sur les personnes et les choses est très-sûr.

La baronne de Villani s'anime dans la conversation très-agréablement, et a le talent de bien raconter. Elle prête toujours aussi une grande attention à tout ce qu'on lui dit. Elle trouve parfois des mots heureux et même des mots piquants, mais elle a un si grand fond de charité qu'elle ne blesse personne.

Elle a pour ses domestiques cette bienveillance qui leur inspire un vrai attachement, lorsqu'ils ont une bonne nature. Elle
a le talent de n'oublier aucun détail, en soi-
gnant surtout les choses principales.

Elle a, au plus haut degré, cette pénétration que donne une grande bonté de cœur
jointe à une fine intelligence. Une personne
qui lui est chère ne saurait guère lui cacher
un chagrin. Elle a aussi la mémoire du
cœur. La reconnaissance est un besoin
pour elle.

Elle a le grand mérite d'être toujours la
même.

Ayant perdu un père qu'elle adorait et
un mari digne d'elle et qu'elle aimait tendrement. elle a su se résigner aux décrets
de la Providence et regagner la sérénité
d'âme à laquelle son beau caractère la
dispose.

Elle montre souvent ce que le moral peut sur le physique. Elle écoute le moins possible ses souffrances corporelles. Dans les regards de la baronne de Villani on peut lire la charité et la compassion dont elle est capable.

20 mars 1883.

MADEMOISELLE
HÉLÈNE DE SOUZA-HOLSTEIN
MARQUISE DE FAYAL.

En voyant le portrait de la marquise de Fayal, ce chef-d'œuvre de Carolus Duran, on se dit : « Quelle figure sympathique! « quelle expression de candeur, d'intelli- « gence, de douceur affectueuse et de séré- « nité juvénile ! »

Ce portrait honore également l'original et le peintre; il rend à merveille le physique et le moral.

Heureusement, il y a dans ce bas monde des êtres à qui l'on ne peut trouver aucun défaut, même en voulant faire la critique la plus sévère. La marquise de Fayal est de cette catégorie peu nombreuse. A Lisbonne, on est unanime à dire le plus grand bien d'elle, et on lui donne des épithètes si flatteuses que sa modestie en rougirait.

Elle a le bonheur de posséder une sagesse digne d'une personne déjà avancée en âge, tout en conservant le charme que donne la jeunesse. Il faut chez elle modérer le désir de s'instruire. Grâce à ses heureuses dispositions et à son application, elle a obtenu de beaux succès dans des concours. Quoiqu'elle ait des goûts très-sérieux, elle jouit des amusements de son âge. Elle sait, sans contrainte, se faire à tout.

Malgré sa position élevée, sa grande intelligence, une instruction rare chez une personne aussi jeune qu'elle, et toutes les belles qualités qui la distinguent, elle est d'une modestie touchante, sans en devenir timide. Elle a toute l'assurance que donnent la vraie candeur et une éducation des plus soignées. Elle a aussi une noble simplicité en tout et une admirable égalité d'humeur.

Elle fait non-seulement, sous tous les rapports, ce qu'elle doit faire; mais il lui serait impossible de ne pas remplir consciencieusement tous ses devoirs. Vis-à-vis de ses parents, qu'elle adore, elle est plus qu'o-béissante : elle a le plus vif désir de se conformer en tout à leur volonté, et elle cherche toujours à deviner ce qui pourrait leur être agréable. Il est touchant de la voir avec eux;

il n'y a pas de plus grande tendresse filiale que la sienne. L'amour si profond et si intelligent de ses parents y répond, et leur bonheur dépend entièrement de celui de leur fille.

Une âme comme celle de la marquise de Fayal n'a rien à cacher; tout y est pur et beau.

La marquise de Fayal sent le besoin de tout dire à sa mère; sa modestie fait naître chez elle le désir d'être toujours assurée de l'approbation de sa mère, et sa tendresse filiale la porte à s'épancher dans son sein.

Elle est très-charitable et très-compatissante; parmi les jeunes filles, celles à qui la fortune a peu souri au berceau ont surtout beaucoup d'attrait pour elle. L'amitié est un besoin de son âme, et elle a beaucoup d'affection pour ses amies.

On ne saurait être plus profondément

religieux qu'elle ne l'est. Lorsque, toute
jeune, elle fut obligée de porter des lunettes,
elle a fait preuve d'une résignation admirable, due à son caractère charmant et à sa foi
vive. Heureusement, les lunettes ne lui ôtent
rien de son charme; on peut encore bien
voir son regard plein d'intelligence et de
douceur.

Sa santé a eu besoin de quelques ménagements; chez les êtres d'élite le moral est
souvent plus fort que le physique; mais,
malgré cela, ils se conservent bien, grâce à
une certaine énergie tenant à la force de
l'âme.

Les traits de la marquise de Fayal sont
fins et réguliers; elle a un charmant sourire.
Ses cheveux sont brun clair, son teint est
délicat, et sa taille est fine et svelte. Ses
mouvements ont une grâce naturelle.

23 mai 1883.

M. DE GLINKA.

M. de Glinka, ministre de Russie près la cour de Portugal, est décédé subitement, et sa mort a été généralement regrettée. Il comptait parmi les diplomates très-distingués. S'étant trouvé en dehors du grand courant de la politique, il n'était pas assez connu. Il avait les bonnes traditions de la diplomatie, et il tâchait toujours de les faire observer autant que les circonstances le permettaient. Par sa loyauté, il inspirait beaucoup de confiance, et par sa manière d'être et sa bienveillance naturelle il se conciliait partout les sympathies.

Il joignait à une intelligence fine une profonde instruction, et il avait le bonheur de s'intéresser à tout ce qui est digne d'intérêt. Il vouait une grande attention à tout ce qui pouvait influer sur la société humaine et la prospérité générale. Le fruit de ses études approfondies a été un livre intitulé : *la Science de la société humaine*, qui a eu plusieurs éditions et qui a été traduit en allemand.

M. de Glinka avait le goût et le sentiment des beaux-arts, et il était surtout amateur de peinture. La belle nature avait aussi un grand attrait pour lui. Tout en étant très-âgé, il n'était blasé sur rien.

Il croyait au surnaturel; chez lui les idées sublimes engendraient de profondes convictions. Il avait tant de ressources dans son esprit, que la solitude ne lui pesait pas et qu'elle lui était même agréable. Sa sérénité d'âme était si grande, que des contrariétés ne pouvaient guère la troubler. Il supportait très-bien les souffrances physiques.

Il avait le coup d'œil trop juste et un trop

grand besoin d'être dans le vrai pour se faire des illusions. Il serait difficile d'être plus patriote qu'il ne l'était; mais son patriotisme était éclairé et ne l'empêchait pas de rendre justice aux étrangers.

M. de Glinka avait une rare noblesse de sentiments, et il était capable d'une vraie amitié et d'un grand dévouement.

Il avait une assurance très-agréable, et il était exempt de présomption.

Il avait beaucoup d'égards pour tout le monde et surtout aussi pour ceux qui étaient placés sous ses ordres. Il était bienfaisant et hospitalier.

Son physique faisait une impression favorable. M. de Glinka était de haute taille, il avait une figure agréable et une physionomie ouverte. Son regard était très-expressif et sympathique.

26 mai 1883.

M. ***.

Il y a des hommes qui aiment plutôt à paraître qu'à être. Ils tâchent de se donner des apparences avantageuses jusqu'à devenir parfois des tartufes.

S'ils ont une bonne qualité, ils cherchent à avoir l'air de la posséder à un plus haut degré qu'ils ne l'ont réellement. Ils sont toujours occupés à se faire valoir, eux et tout ce qui leur appartient. Il ne leur suffit pas d'être riches; ils font sentir qu'ils le sont. Ne ménageant pas l'argent lorsqu'il s'agit de briller, ils font en cachette de sordides épargnes.

Tout est calculé chez eux; une arrière-pensée dirige presque toujours leur conduite. Ils se lient, sans aucun motif de sympathie, avec les personnes qui leur peuvent être utiles, et ils négligent les hommes d'un vrai mérite, mais dépourvus de crédit. Leur amitié est acquise à tous ceux qui peuvent les aider à atteindre le but qu'ils se sont proposé. Ils sont aux petits soins non-seulement pour ceux qui peuvent les pousser, mais encore pour les personnes qui ont quelques chances de gagner de l'influence. Ils ne tiennent compte que de ce qui peut servir leur intérêt.

En général, ils évitent de se faire des ennemis; ils considèrent comme tels toutes les personnes qu'ils trouvent en leur chemin, et ils deviennent méchants lorsqu'on les contrecarre.

Ils adhèrent à une opinion et à un parti tant que cela est de leur intérêt. Le désir de ne pas se compromettre les rend modérés; ils sont toutefois entiers dans leurs opinions et les gardent fidèlement lorsque cela est utile. Ils saisissent toute occasion de dire du bien de ceux qui peuvent servir leurs intérêts, et ils ravalent ceux qui excitent leur jalousie ou ne leur sont pas favorables.

Tout ce qui est en vogue leur plaît et peut compter sur leur adhésion. Pour produire une impression favorable, ils se posent tantôt en Mécènes, tantôt en sportsmen, tantôt en hommes politiques, tantôt en hommes très-religieux, tantôt en philosophes. Ils affichent toujours les goûts, les opinions et les sentiments qui peuvent leur donner du relief.

Étant habitués à porter leur attention sur tout ce qui peut seconder leurs vues, ils ne manquent pas d'esprit d'observation; sachant trop bien que les apparences sont trompeuses, ils sont méfiants. Il n'y a pas d'élévation dans leur âme; ils ont la bassesse qui vient de la vanité.

M. *** est le type de ces hommes calculateurs qui appliquent l'arithmétique même là où le cœur seul devrait parler, et qui, malgré que le monde les considère comme des parvenus, ne sont pas tels réellement, puisqu'ils visent toujours à arriver à une position plus haute. Chez eux, l'accomplissement d'un désir fait naître un nouveau désir. Ils ne comprennent pas que parmi les hommes les plus heureux compte celui qui, par une véritable indépendance intérieure, ne désire rien pour lui, mais veut en tout le bien général. Aiguillonnés par l'ambition, ils perdent leur sang-froid et prennent leurs espérances pour la réalité; ils ne peuvent donc échapper à de grandes déceptions.

Chez M. ***, la pose prend toujours le dessus sur le naturel. Il ne saurait avoir cette noble simplicité que possèdent ceux qui ne veulent pas paraître. Il faut toutefois

dire qu'il pose bien; des personnes intelli-
gentes le croient sincère et le considèrent
comme leur véritable ami. Puissent-elles
ne point se trouver dans le cas de le mettre
à l'épreuve !

M. *** est affectueux pour sa famille. Il a
de bonnes manières, une figure agréable,
une belle chevelure, une haute taille et des
yeux parlants. Son regard parvient à prendre
l'expression de la sincérité; mais lorsqu'on
fait attention aux inflexions de sa voix, on
ne laisse pas de trouver parfois qu'elles
donnent un démenti aux yeux. Ceux qui
veulent cacher leurs sentiments doivent surtout craindre de se faire deviner par le ton
de leur voix.

4 juillet 1883.

FIN.

TABLE.

FIN DE LA TABLE.

PARIS. TYPOGRAPHIE E. PLON, NOURRIT ET Cⁱᵉ, RUE GARANCIÈRE, 8.